Gröls Verlage

„BÜCHER SIND WIE FALLSCHIRME. SIE NÜTZEN UNS NICHTS, WENN WIR SIE NICHT ÖFFNEN."

Gröls Verlag

Redaktionelle Hinweise und Impressum

Das vorliegende Werk wurde zugunsten der Authentizität sehr zurückhaltend bearbeitet. So wurden etwa ursprüngliche Rechtschreibfehler *nicht* systematisch behoben, denn kleine Unvollkommenheiten machen das Buch – wie im Übrigen den Menschen – erst authentisch. Mitunter wurden jedoch zum Beispiel Absätze behutsam neu getrennt, um den Lesefluss zu erleichtern.

Um die Texte zu rekonstruieren, werden antiquarische Bücher von Lesegeräten gescannt und dann durch eine Software lesbar gemacht. Der so entstandene Text wird von Menschen gegengelesen und korrigiert – hierbei treten auch Fehler auf. Wenn Sie ebenfalls antiquarische Texte einreichen möchten, finden Sie weitere Informationen auf www.groels.de

Viel Freude bei der Lektüre wünscht Ihnen das Team des Gröls-Verlags.

Adressen

Verleger: Sophia Gröls, Im Borngrund 26, 61440 Oberursel

Externer Dienstleister für Distribution & Herstellung: BoD, In de Tarpen 42, 22848 Norderstedt

Unsere „Edition | Werke der Weltliteratur" hat den Anspruch, eine der größten und vollständigsten Sammlungen klassischer Literatur in deutscher Sprache zu sein. Nach und nach versammeln wir hier nicht nur die „üblichen Verdächtigen" von Goethe bis Schiller, sondern auch Kleinode der vergangenen Jahrhunderte, die – zu Unrecht – drohen, in Vergessenheit zu geraten. Wir kultivieren und kuratieren damit einen der wertvollsten Bereiche der abendländischen Kultur. Kleine Auswahl:

Francis Bacon • Neues Organon • **Balzac** • Glanz und Elend der Kurtisanen • **Joachim H. Campe** • Robinson der Jüngere • **Dante Alighieri** • Die Göttliche Komödie • **Daniel Defoe** • Robinson Crusoe • **Charles Dickens** • Oliver Twist • **Denis Diderot** • Jacques der Fatalist • **Fjodor Dostojewski** • Schuld und Sühne • **Arthur Conan Doyle** • Der Hund von Baskerville • **Marie von Ebner-Eschenbach** • Das Gemeindekind • **Elisabeth von Österreich** • Das Poetische Tagebuch • **Friedrich Engels** • Die Lage der arbeitenden Klasse • **Ludwig Feuerbach** • Das Wesen des Christentums • **Johann G. Fichte** • Reden an die deutsche Nation • **Fitzgerald** • Zärtlich ist die Nacht • **Flaubert** • Madame Bovary • **Gorch Fock** • Seefahrt ist not! • **Theodor Fontane** • Effi Briest • **Robert Musil** • Über die Dummheit • **Edgar Wallace** • Der Frosch mit der Maske • **Jakob Wassermann** • Der Fall Maurizius • **Oscar Wilde** • Das Bildnis des Dorian Grey • **Émile Zola** • Germinal • **Stefan Zweig** • Schachnovelle • **Hugo von Hofmannsthal** • Der Tor und der Tod • **Anton Tschechow** • Ein Heiratsantrag • **Arthur Schnitzler** • Reigen • **Friedrich Schiller** • Kabale und Liebe • **Nicolo Machiavelli** • Der Fürst • **Gotthold E. Lessing** • Nathan der Weise • **Augustinus** • Die Bekenntnisse des heiligen Augustinus • **Marcus Aurelius** • Selbstbetrachtungen • **Charles Baudelaire** • Die Blumen des Bösen • **Harriett Stowe** • Onkel Toms Hütte • **Walter Benjamin** • Deutsche Menschen • **Hugo Bettauer** • Die Stadt ohne Juden • **Lewis Caroll** • *und viele mehr….*

Heinrich Mann

Mutter Marie

Inhalt

Erstes Kapitel

Im Klubsessel saß der Präsident, im Schaukelstuhl der General. Vor dem mit Bronze eingelegten Tischchen aus buntem Marmor, auf einem der zu ihm passenden Stühle im Empiregeschmack hielt die Generalin sich überaus gerade. Ihr Inneres drohte schlankweg einzubrechen, um so gerader hielt sie sich. Die große blasse Nase wirkte noch schärfer. Wenn der Präsident während seiner unliebsamen Eröffnungen einmal die Nase der Generalin ansah, ward er sogleich zurückhaltender.

Schaukelnd und sein einziges Auge gesenkt, hörte der General den Präsidenten an. „Das verkaufte Haus", sagte der Präsident und legte die Stirn so schief, daß unter ihren fleischigen Falten der Blick sich verlor. „Die Schulden, der Sohn ..." Die Generalin wendete den Kopf, als langweilte sie sich. In Wahrheit schätzte sie ihren Salon ab. Er war zusammengestellt aus den Resten des Herrenzimmers, das ihr Gatte angeschafft hatte, zu der Zeit, als er Generaldirektor beim Präsidenten war, und aus der noch übrigen Marmor- und Bronzepracht, die sie selbst einst mitgebracht hatte. Alles Entbehrliche war verkauft – alles, was bisher entbehrlich erschienen war. Der Begriff des Entbehrlichen ward allmählich umfassender, sie wußte es schon. Sah es hier noch nicht arm aus?

Sie hörte den Präsidenten laut rechnen. Hinter der Glastür, der sie den Rücken kehrte, ward hörbar der Flügel geöffnet. Zu erwarten war, daß sogleich dort drinnen der Professor präludierte und die Prinzessin sang. Die Generalin benutzte dies, um aufzustehen. In dem fast leeren Musikzimmer saß die Prinzessin, süßlila und gedankenlos, wie immer, auf dem kleinen Sofa aus altem Rohr, die Vergoldung war schon so blaß wie die rosa Seide der Kissen. Die Prinzessin las Noten mit ihren großen, verständnislosen Augen. Ihr alter Lehrer wartete am Flügel geduldig. Die Generalin stellte durch die Glastür fest, daß im Musikzimmer kein Teppich lag. Hier der Salon hatte doch noch seinen matten Perser, das glich viel aus. Auch hatte er in der Mitte den Monumentaltisch – und dann die vier großen Spiegelkonsolen, zwei zu den Seiten der hohen, in Wolkenstores gehüllten Gartentür, zwei drüben in den abgerundeten Ecken. Die Nachbarschaft der anderen Ausgänge, links zum Musik-, rechts zum Eßzimmer, rückwärts auf den Gang, wies nichts mehr auf, dafür kamen um so größere Flächen hellgelber Seide zur Geltung. Die Wandbespannung war nirgends zerrissen, nur hinter dem Klubsofa. Grade darum mußte es die Wand decken rechts neben der Gartentür, und alle Sitzmöbel waren hinzugeschoben. Die Mitte hielt einzig der Monumentaltisch in Marmor und Bronze, aber der weite Raum um ihn her wirkte im Grunde nur vornehmer. „Wenn ich mir nichts vormache“, dachte die Generalin.

Inmitten des Momumentaltisches, einsam auf weitem Feld, erhob sich der „Jüngling“, die einst berühmte Marmorfigur, die Ina Schollendorff noch in Hamburg gekauft hatte, lange bevor sie den Hauptmann Veit Vogel von Lambart heiratete. Als dann das Kind heranwuchs, glich es dem „Jüngling“. „Wenn ich mir nichts vormache“, dachte die Generalin wieder. Sie vergewisserte sich, daß das gemalte Bildnis ihres Sohnes, drüben über dem Klubsofa, nichts mit dem „Jüngling“ gemein hatte. „Und doch ist das Bild zehn Jahre her, da war er fünfzehn, wie der Jüngling.“

Die Generalin versank, ohne den Kopf deshalb weniger hoch zu tragen, in sich selbst, einen Augenblick hörte sie nicht mehr, was der Präsident sagte. Sie setzte sich in Bewegung, ging aber links um den Monumentaltisch und langsam gradaus in Richtung des Pfeilerspiegels neben der wolkenverhangenen Gartentür. Auf diesem Wege erschien ihr, Schritt um Schritt, ihre Person und auch ihr Leben.

„Meine Augen glänzen“, dachte sie, denn dies erschien ihr im Spiegel zuerst. „Ich bin nun mager, nicht mehr schlank, ich muß den Hals bedecken, und er war berühmt. Der Präsident sagt, daß uns das Haus nicht mehr gehöre und daß wir ausziehen müssen. Er kann uns zwingen, er hat die Verbindungen, wir haben keine mehr. Er zahlt Abstand, dann kann ich irgendwo Zimmer vermieten. Ich habe noch meine glänzenden Augen.“ Alles in einem Schritt. Beim nächsten: „Alabasterstirn, sagte Graf Oetzen auf meinem ersten Ball. Man sagt das nicht mehr, übrigens hat der Alabaster jetzt Kratzer. Ich trage aber immer noch die Haare aus der Stirn. Sie waren nie stark, jetzt sind sie dünn und werden grau."

Da sie dem Spiegel noch näher kam: „Und ich spreche nicht von meinem Mund, weil ich meine schmalen Lippen nie gemocht habe. Ich darf ihnen keinen Ausdruck geben, sonst bilden sich daneben Falten wie Spinnen, es sieht pervers aus. Ich und pervers! ... Valentin hat weiche, breite Lippen, er küßt damit wohl die Prinzessin. Mein Sohn der Verlobte einer Prinzessin! Ihre Augen sind groß, aber geistlos. Die alternde Frau dort im Spiegel hat glänzende Augen. Ich war immer ein Snob. Die Prinzessin ist arm, noch ärmer als wir, und überdies geistig beschränkt. Was nützt es mir, aber ich will, daß mein Sohn sie heiratet und Mitglied eines bis vor sieben Jahren regierenden Hauses wird. 1925, schon gleich sieben Jahre währt der Unfug. Ich war aus reichem Haus, eine große Dame. Der Kronprinz sagte 1907 im Manöver: eine wirkliche große Dame – als er erfuhr, ich sei eine Schollendorff. Jetzt dies alte Kleid, jetzt mit den Resten unserer Habe auf die Straße. Der Präsident sagt – und meine Augen glänzen! Wovon wohl Augen glänzen?"

Hier schlug eine Uhr, die Generalin erwachte. Ein Blick nach den Herren, sie waren in demselben Satz, der vorhin begonnen hatte, sie hielten sogar die Köpfe noch wie vorhin. „Meine Abwesenheit kann nur Sekunden gedauert haben." ... Die Uhr schlug immer noch? Ach, es war die Prinzessin, sie übte einen und denselben Ton, es klang hoch, fein und metallen, es klang nach ungelöster Kraft. Die Generalin empfand Widerwillen bei dem Gedanken an die Heirat. Fast gleichzeitig ward sie daran erinnert, daß ihr Sohn schon hätte dasein müssen. Ob es sieben Uhr war? Sie sah hinaus auf die Straße – und spürte einen Ruck. Das unheimliche Automobil! Dort stand es wieder.

Sein Vorhang war auf dieser Seite geschlossen, wie noch jedesmal. Es hielt gegenüber an gewohnter Stelle, Ecke Berliner Straße und Platz am Knie. Über den Platz stürmten aus allen Richtungen, Berliner, Hardenberg-, Bismarck-, Marchstraße, die Wagen herbei, sie verdeckten zu oft das Auto mit dem geschlossenen Vorhang. Die Generalin war nie ganz sicher, ob ein Gesicht darin erschien. Aber sie nahm an, eine Frau sitze drinnen und warte auf Valentin. Das Auto hielt drüben regelmäßig nur so lange, bis Valentin nach Haus kam. Es war groß, neu, höchst gepflegt, der Chauffeur benahm sich streng dienstlich. Saß keine Frau darin, wer zog dann drüben auf Wache – täglich, bevor Valentin kam? Die Generalin mußte sich zusammennehmen, um nicht ihren Mann zu rufen.

Nein, Dinge jener anderen Art erwähnte niemand hier. Was Valentin aus Leichtsinn davon verraten hatte, war besser nicht vorhanden, die Eltern wußten nichts. Warum daran denken. Es konnten Angelegenheiten jeder Art sein, in denen jenes dunkelblaue Auto wartete, Spielaffären ebensogut wie Liebe. Das Leben Valentins war unregelmäßig, gewiß, leider war es so – aber gefährliche Dinge? Dinge, in die er vor zwei Jahren, als der Weltuntergang nahe schien, vielleicht hineingezogen worden war von seinen jungen Gesinnungsfreunden? Die hatten keine Folgen mehr, entschied die Generalin. Dies war eine Frauengeschichte.

Um es sich zu beweisen, dachte sie an die Dame, die sie neulich ertappt hatte. Die Dame hatte hinter dem Gitter des Vorgartens gestanden und heraufgesehen. Es war damals frühmorgens und nur Zufall, daß die Generalin schon auf war, da stand dort unten die Dame im Frühlingskostüm, mindestens von Drecol. Dieselbe war es, die jetzt im Auto saß, natürlich sie! Damals stand sie in dem Hut mindestens von der Friedländer und starrte nach der Mansarde, wo Valentin noch schlief. Woher hatte sie gewußt, daß er dort oben wohnte, sie war also öfter hier gewesen? Hatte die Gelegenheit ausgekundschaftet wie eine Einbrecherin? Die Generalin zog damals den Wolkenvorhang fort und sah die Dame so lange an, bis jene es fühlte und ihr Gesicht von der Mansarde trennte. Sie senkte es, es war besonders weiß und wohlgeformt.

Der anderen Frau entging nicht, daß es über dreißig war. Die Augen waren groß und schwarz, man konnte sie prachtvoll nennen. Als sie auf die Augen der Generalin trafen, stockte darum ihre Bewegung nicht. Sie stiegen von dem hohen, geschweiften Dach der alten Villa zu ihrem einzigen Stockwerk nieder, gingen über die langgestreckte Front hin, kehrten zu der breiten Gartentür und der kleinen Freitreppe nochmals zurück ... Dann hatte die Dame sich abgewendet, ruhig aber nochmals umgeblickt wie zur Feststellung der Gegend, in der es zwischen Straßenzügen von heute noch Landhäuser von 1860 gab. Ihr Gang war schnell und sonderbar geschmeidig gewesen. Die Generalin hatte ihr nachgesehen, sie verschwand um die Ecke der Marchstraße, Richtung Tiergarten.

Eine Tänzerin? Oder reich unterhaltene Lebedame? Irgend etwas an ihr verbot der Generalin, die Verehrerin ihres Sohnes für eine wirkliche Dame zu halten, wieviel schmeichelhafter wäre es sonst gewesen! In Ermangelung von Rang und Klasse freilich hielt jetzt drüben das gepflegte Automobil, man konnte nicht sagen, daß Valentin sich wegwarf. Aber saß überhaupt eine Frau darin? Und warum verspätete sich Valentin? Um sieben Uhr sollte er die Prinzessin ins Konzert führen. Die Generalin sagte, bevor sie es überlegt hatte, laut zum General hin:

„Valentin verspätet sich."

Aber es war der unrichtige Augenblick, ihr Gatte hörte nicht. Er war aus dem Schaukelstuhl aufgestanden und fragte den Präsidenten: „Wollen Sie mich nicht schonen?"

„Sie verlangen zu viel", sagte der Präsident, er kam aus dem Klubsessel hervor.

„Ich? Was verlange ich? Daß Sie mich am Leben lassen", erklärte der General.

„Ich bin doch nicht Ihr Feind", beteuerte der Präsident in unglaubwürdigem Ton.

Hierauf schwiegen sie, die Generalin verstand, weshalb. Der Präsident war zu weit gegangen und wunderte sich nun selbst. Ihr Mann aber war, wie immer, peinlich davon berührt, daß er der Gemeinheiten des Lebens sich erwehren mußte, er in eigener Person. Daher gab er seinem einzigen Auge sicher jenen unwahrscheinlich furchtbaren Ausdruck. Die Generalin konnte von rechts nur das dunkle Monokel sehen, mit dem er die leergeschossene Höhle verdeckte. Er hielt den Kopf einmal nicht auf die rechte Schulter geneigt, stand straff und hoch, da wirkte plötzlich auch das runde Gesicht nicht mehr zu weich. „Wäre er immer so gewesen“, dachte die Generalin. „Er hätte Armeeführer sein können ... Jetzt ist er weiß und ohnehin alles vorbei. Befehlen kann hier nur der Präsident.“

Daher ging sie zu dem Präsidenten über. Er war blond und hatte eine schöne, kaum ergrauende Haarwelle, auffallend bei einem so großen Geschäftsmann. Nach hinten ward das Haar dünner, man sah die Schädelform, die einen Vorsprung hatte, nicht übel für einen Geldmenschen. Aber diese Stirn! Nur Fleisch, ein wechselndes Gebild aus sich faltendem und entfaltendem Fleisch, und die ganze grauweiße Masse der Falten nahm den Weg links abwärts. Unversehens zogen sie sich nach oben zusammen, und die Augen erschienen. Das Fleisch ließ sie frei, sie traten aus dem Schatten, gingen weit auf und richteten sich gegen den armen General, trafen ihn schwarzblau und so hart wie Steine, die aber Licht durchlassen.

Der General trat zurück. Der Präsident verharrte noch, stieß sich dann aber mit seiner großen, starken Hand vom Klubsessel ab und machte zwei ungleiche Schritte. Er hinkte.

„Tatsächliches ist nicht mehr zu sagen“, stellte er fest. „Ich bin gewohnt, meine Zeit produktiv zu verwenden.“ Er grüßte und wollte gehen.

Jetzt schmetterte aber nebenan die Prinzessin. Sie war im Verlauf ihrer Übungen auf dem Höhepunkt ihrer Stimmkraft angelangt, auch Vielbeschäftigte konnten sie nicht überhören. Der Präsident fragte:

„Ist das die Prinzessin von –?“ Er beugte sich vor, um von weitem durch die Glastür zu spähen. Dabei errötete er, es konnte von der Anstrengung des Vorbeugens sein. Er sprach plötzlich, als habe er etwas im Mund.

„Sie wohnt hier? Zahlt sie denn ihre Miete?“

„Unsere Verbindung ist zu nahe, wird besonders künftig zu nahe sein“, sagte die Generalin mit Betonung. „Von der Prinzessin nehme ich nichts.“

Der Präsident öffnete die Augen.

„Die Fürstenabfindung steht bevor“, sagte hochmütig die Generalin. „Wenn die Prinzessin Adele reicher sein wird als Sie, Herr Präsident – ist noch Zeit, von der Miete zu sprechen“, ergänzte sie ironisch.

Der General mußte husten und kehrte ihnen den Rücken. Die Generalin aber hielt den offenen Augen des Präsidenten stand, obwohl sie gelogen hatte. Von einer künftigen Bereicherung der Prinzessin Adele konnte im Ernst nicht die Rede sein. Ihr Vater, der Herzog, hatte keinen sehnlicheren Wunsch, als ihre ältere Schwester Alexandra an seinen Vetter, den Großherzog, zu verheiraten. Diesem seinem Ehrgeiz opferte er bedenkenlos Adele. Sie würde nichts abbekommen haben von der Fürstenabfindung, selbst wenn nicht ihre unbesonnene Liebe zur Gesangskunst sie dem Herzog entfremdet hätte.

Die Generalin nahm an, dem Präsidenten einer noch so großen Industriegesellschaft würden hoffentlich Tatsachen verborgen geblieben sein, die nur ihrer eigenen höfischen Erfahrung zugänglich schienen. Aber der Präsident kannte sie. Er schwieg, als sei er betroffen. Die Generalin triumphierte – indes der Präsident doch nur überlegte, daß es richtiger sei, sich durch die Vermögensaussichten der Prinzessin beeindruckt zu zeigen als durch ihren Namen. In Wahrheit verlangte ihn nach ihrer Bekanntschaft einzig, weil sie eine Prinzessin war. Er staunte selbst über seine Schwäche – sagte aber:

„Das eröffnet neue Verhandlungsmöglichkeiten. Bitten Sie die Dame doch her!“

„Die Prinzessin? Das geht nicht.“ Die Generalin war entschlossen, es nicht zuzulassen. „Sie hören doch, sie singt.“

Gerade trillerte die Prinzessin. Alle lauschten.

„Sie trillert gut“, bemerkte der Präsident – und als sei dies ein Grund: „Ich werde warten.“

„Bitte“, schloß die Generalin, und alle drei setzten sich auf ihre vorigen Plätze.

Nach einer Pause, die nur dem General sehr lang schien, begann seine Frau: „Mein Sohn wird Sie sogleich erlösen. Um sieben soll er hiersein, er begleitet die Prinzessin in die Singakademie."

„Es ist nach sieben", bemerkte der General. Der Präsident sagte höflich, denn die Unterredung ward rein familiär: „Das tröstet mich. Ihr Sohn ist bei Ihnen nicht pünktlicher als bei mir im Büro."

„Ist er dort denn unpünktlich?" Die Generalin zögerte. „Was vermuten Sie, daß er statt dessen treibt?" Ihr Blick ging von selbst durch den Wolkenvorhang nach jenem Automobil. Der Präsident seinerseits beugte sich aus dem Klubsessel gegen die Glastür, hinter der die Prinzessin jetzt tiefe Glockentöne machte. Hier äußerte der General:

„Ich will nur hoffen, daß mein Sohn sich besser in Ihre Geschäfte einlebt, als ich es meiner Natur nach konnte." Dabei schaukelte er sich.

Der Präsident ließ ruhig die Pause vergehn. „Herr General", sagte er dann freundlich, „den Schaukelstuhl müssen Sie sich kürzlich vom Boden heruntergeholt haben. Wir haben uns sonst ausschließlich in Klubsesseln gekannt. Ihre Rückkehr zum Schaukelstuhl beweist mir, wie satt Sie die Geschäfte hatten."

Der General sah ihn an. Er hatte ein mildes Auge, alle Bitterkeit lag ihm fern, er schien sich nur zu unterhalten. Seine Frau war es, die eingriff.

„Herr Seehase", sagte sie – und wartete, bis der Präsident seinen Namen hinlänglich genossen hatte. „Mein Mann war ein schlechter Generaldirektor, soviel weiß ich. Denn sonst hätte er Ihnen nicht beim tiefsten Stand der Währung dies Haus verkauft – für Papiergeld, das Sie in Unmengen selbst herstellten."

„Aber ich mußte es auch selbst in Zahlung nehmen", sagte der Präsident gelassen. „Oder glauben Sie, ich hätte damals nur billig gekauft? Sie mißverstehen das Wirtschaftsleben, meine gnädigste Frau."

„Ich bin aufgewachsen in einem seiner Mittelpunkte. Aber es hatte damals ein anderes Gesicht. Auch die Herren, die es vertraten, hatten andere Gesichter."

„Ich danke Ihnen“ – der Präsident blieb höflich. Seine fleischige Stirn verschob sich links abwärts. Davon glitt die Haarwelle tiefer, im Verein mit den kritisch geschlossenen Augen sah es nach Geistigkeit aus. Die Generalin begriff ihren Fehler.

„Herr Präsident, ist Ihr Konzern nicht fast die einzige Gründung jener Zeit, die alle Krisen bisher glücklich überstanden hat?“

„Unbesorgt, er übersteht sie weiter“, warf er ein. Sie sagte, ohne abzusetzen: „Ich bewundere Sie. Dabei waren Sie kein Anfänger, Ihnen fehlte doch sicher die blinde Dreistigkeit, die damals der Jugend bei allen ihren heute vergessenen Unternehmungen so sehr zustatten kam ...“

Sie machte Handbewegungen. Mit angeregtem Lächeln hörte sie sich sprechen. „Wir bewundern Sie“, sagte sie nochmals und wollte ihren Mann zum Zeugen nehmen. Aber der General sah aus dem Fenster, ablehnend, wie ihr schien. Sie erschrak, jetzt war sie nach der Seite der Anerkennung zu weit gegangen.

Die Prinzessin schmetterte. Der General lenkte den Schaukelstuhl rechtsum nach der Gartentür. Der Präsident veränderte im Klubsessel schon wieder seine Lage, um endlich den Blick ins Nebenzimmer freizubekommen. Die Generalin sagte scharf, um durchzudringen:

„Von Ihnen nehme ich eher an, daß nur die Verzweiflung Sie so kühn machte. Sie hatten schon manchen Rückschlag erlitten im Leben. Ich glaube nicht jede dunkle Geschichte, die erzählt wird, ich will nur sagen: Sie kennen das Leben. Die Nachkriegskonjunktur fand Sie grade im letzten Augenblick, bevor es für Sie zu spät war – zu spät will heißen den Jahren nach und auch im Hinblick auf das Vertrauen Ihrer Mitbürger ...“

Hier kehrte der Geist des Präsidenten aus dem Musiksalon zurück. Sein Kopf machte einen Ruck, der mineralische Blick sprang weit auf.

„Ich fand immer noch das Vertrauen des Generals von Lambart – den ich mir aussuchte aus der Schar der anderen Bewerber. Denn ich fand das Vertrauen zahlreicher Generäle, die nach Beförderung zum Generaldirektor strebten.“

Der General interessierte sich nur lebhafter für die Straße. Er stand sogar auf. Hatte auch er jenes Auto endlich entdeckt, und suchte er im Vorhang nach dem Gesicht? Die Generalin saß wortlos. Was sie hätte vorbringen können, sagte der Präsident selbst.

„Gern gebe ich zu, daß der Name des Generals Vogel von Lambart mir für den Aufbau meines Unternehmens von Nutzen gewesen ist. Dafür habe ich ihn hoch bezahlt – den Namen, nicht das Können", schloß der Präsident.

Die Generalin sagte im Konversationston: „Hoch bezahlt – und jetzt ist sogar unsere Generalspension verpfändet, und aus unserem, einst unserem Haus wollen Sie uns vertreiben."

Der Präsident ebenso: „Nicht ich, Gnädigste. Meine Gesellschaft, der ich Rechenschaft schulde. Was kann ich tun? Wir haben dies Grundstück und müssen bauen."

„Sie haben mehr Grundstücke."

„Keins in dieser Lage. Gleich drüben steht unser Hauptgeschäftshaus."

„Es sieht sogar aus wie eine Kriegsmaschine – ein Tank" – was klang, als sei die Generalin nur erfreut über den gefundenen Vergleich, indes sie doch starr vor Grauen den Kampf um das Leben verlorengehen sah. Plötzlich lachte sie – leicht und gesellschaftlich.

„Komisch, wenn ich denke. Wir plaudern hier. Und 1907 in Klein-Wendrin sagte der Kronprinz – Er kam nach Klein-Wendrin im Manöver. Es war unser Gut. Das heißt, es gehörte mir und meinem Vetter in Hamburg. Durch die Inflation ist es in seinen Alleinbesitz übergegangen. Komisch, mein ganzes Vermögen, das er verwaltete, ward zu nichts. Das seine keineswegs. Komisch, die Geschäftsleute."

„Und das war Ihr Vetter. Was wundert Sie dann bei Fremden? Jeder handelt nach Gesetzen und kann von ihnen bei eigener Todesgefahr nicht abweichen. Aber es sind nicht die Gesetze der Juristen – und auch nicht die, die wir aus Höflichkeit im Munde führen ..."

Er sah die Generalin würgen, vermutlich an Tränen.

„Erkennen Sie, bitte, an, daß ich Ihren Sohn an eine Stelle gebracht habe, der er nicht entspricht, ja, daß ich ihn zum Schaden meiner Gesellschaft dort erhalte. Ich kann es nur verantworten, weil die Stelle vergleichsweise klein und unwichtig ist. Das Verhältnis zu meinem Generaldirektor aber mußte ich lösen, als es für mich nicht mehr tragbar war."

„Für mich, für mich", rief der General über die Schulter. Er kam mit offenkundigem Widerwillen näher, aber er kam. Der Präsident sah ihm staunend entgegen.

„Heute stehen Sie sicher, wie ich höre." Die kleine elegante Verneigung drückte Glückwunsch aus. „Aber, Verehrtester, als ich zu Ihnen kam, bewegten Sie sich eher in der Sphäre der kühnen Verzweiflung, wie meine Frau es nennt. Zugegeben?"

„Was war, zählt nicht", sagte der Präsident.

„Soll das auf mich gehen?"

„Es geht auf alle."

„Na schön. Aber es war doch. Wissen Sie noch, der Grenzbahnhof? Ihre Siedlungsstadt? Die Baracken, an denen Bank oder Grand Hotel geschrieben stand? Und Ihre Abrechnungen mit den Staatsbehörden! Die Blankorechnungen Ihrer Subunternehmer, in die Sie einsetzten, was Sie wollten, und bekamen es vom Staat. Wie machten Sie das? Nach Ende der Inflation bekamen Sie alles ohne Nachprüfung auf Goldbasis. Wie machten Sie das?"

„Sie wollen andeuten, Verehrtester, daß ich bestach. Ich lasse es dahingestellt. Es soll wirklich vorgekommen sein. Aber die wichtigere Frage ist: was wurde aus dem Geld, das auf diese, von Ihnen angezweifelte Art verdient und damit" – erhobener Ton – „der Wirtschaft erhalten worden war?"

„Angezweifelt? Mich drückt kein Zweifel. Ich weiß, warum ich die Sache hinwarf, die ich nicht mehr verantworten konnte."

„Verantwortung", sagte der Präsident achselzuckend. Dennoch war der General jetzt etwas zu laut geworden. Stille folgte, in der der Präsident sein Herz spürte. Es war nicht mehr einwandfrei. Die Generalin trat an die Gartentür. Noch immer hielt drüben der dunkelblaue Wagen. Plötzlich fühlte sie Angst. Nicht Angst vor der Person im Wagen – die Angst jener Person war es, sie fühlte sie mit. Es war halb acht, noch immer erschien im Hasten der Straße kein Valentin. Man wartete in dem Auto, man wartete hier am Fenster, und auch im Musikzimmer bemerkten sie endlich, daß er ausblieb. Sie schwiegen. Sollte die Generalin hineingehen? Zuletzt hielt sie es doch für richtiger, durch ihre Gegenwart die beiden Herren zu mäßigen.

In der Stille sprach der Präsident gelassen fort. „Jenes Geld arbeitet jetzt in einem, auch nach Ihrer Ansicht einwandfreien Industrieunternehmen. Allein das Berliner Werk ernährt Tausende, darunter Ihren Sohn. Dieses wertvolle, der Wirtschaft lebensnotwendige Unternehmen würde heute wackeln wie andere, ja, es wäre nie aufgebaut worden ohne das damals Erworbene."

Da der General ansetzte, aber schwieg, ging der Präsident weiter.

„Damals wurde auf andere Art verdient als heute. Was Sie tadeln, sind die Dinge, nicht die Menschen. Dieselben Menschen von damals, glauben Sie es mir, sind heute streng korrekt. Gegen Bestechungen hegen wir wahren Abscheu, übrigens sind sie unergiebig geworden."

Der Präsident öffnete die Augen.

„Sollten auch Sie, Herr General, manches nicht mehr ganz verstehen, was Ihresgleichen im Kriege zu tun und zu lassen erlaubt fand?"

Der General ward rot, wenig fehlte, daß er losging. Dann sagt er aber doch nur gedämpft:

„Das ist kein Gegenstand für Sie, Ihnen fehlen die Voraussetzungen."

Er sah in die geöffneten Augen des Präsidenten und schien bis in vergessene Hintergründe zu blicken.

„Ich kenne Sie", schloß er.

Darauf fielen die Augen wieder zu.

Die Stirn des Präsidenten verzog sich weltenschwer. Niemand hätte auf starkes Herzklopfen geschlossen.

„Ich bin Republikaner“, erklärte er nicht ohne Würde und Kraft.

„Ich bin es als Wirtschaftsführer, denn nur Regierungen, die von der internationalisierten Wirtschaft kontrolliert werden, gewähren der Welt die Aussicht auf Frieden und auf eine erträgliche Zukunft ... Für diesen Gegenstand aber fehlen, ich muß es fürchten, wieder Ihnen die Voraussetzungen. So darf ich heute vielleicht damit schließen, daß ich Ihren Beruf, Herr General, höher geachtet habe als andere Berufe. Ich nahm Sie bei mir nicht wie einen Untergebenen auf.“

Hier machte er, stark hinkend, schon zwei Schritte rückwärts.

Der General blieb unnachgiebig. „Ich hätte nicht zu Ihnen kommen sollen, Seehase. Sie brauchten mich und meinen Rang, ich habe ihn Ihnen verkauft. Das war falsch. Meinesgleichen darf Ihnen nicht helfen. Hätten sich das nur alle Soldaten gesagt, dann hätten sie ruhig zugesehen, wie ihr sozialisiert wurdet. Nahe daran wäret ihr.“

Der Präsident behandelte dies als mißglückten Scherz. „Subversiv, Herr General? Und Ihr Sohn, wollen Sie ihn proletarisiert sehen?“ Mit echter Trauer sagte der Präsident: „Freilich wer dankt uns, daß wir dem Ansturm standhalten!“

Er strich die Welle aus der Stirn, verfügte sich zu der Generalin, die ihn festen Fußes erwartete, und küßte ihr nicht ohne Großartigkeit die Hand.

„Ich darf gehorsamst bitten, mich der Prinzessin empfehlen zu wollen. Ich will die Künstlerin nicht stören.“

„Nein, das lassen Sie nur“, sagte die Generalin, denn die Prinzessin übte jetzt wieder Rouladen.

Der Präsident ging ab, sein linker Fuß stieß stark auf den Teppich.

„Warum hinkt er?“ fragte die Generalin. „Hat er es wenigstens aus dem Kriege?“

Ihr Gatte antwortete nicht, er durcheilte, ohne davon zu wissen, den Salon. Die Generalin hielt sich an der Stuhllehne aufrecht, erschöpft fühlte sie: „Nie wieder! Eine solche Szene nie wieder! Ich, Ina Schollendorff! Kommandierende Generalin – und muß alles, was ich zeitlebens gewesen bin, mein Heiligstes, ja Heiligstes aufrechterhalten gegen Seehase. Alles andere lieber! Lieber stehlen – wie Seehase!"

Hinter ihr eilte der General. Die Generalin sah hinaus, unwissend, daß ihr Blick auf dem verschlossenen Automobil liege. „Jedes Mittel soll mir recht sein! Wir sind zu fein, es gibt eine Grenze. Jedes Mittel!"

Hierauf atmete sie stark aus. Auch der General hielt soeben im Lauf an, sie wandten einander ihr gesittetes Lächeln zu.

„Eigentlich hatte er recht", sagte der General. Seine Frau meinte:

„Du machst dich lustig."

„Wenn er jede Verantwortung ablehnt. Auch wir übernehmen keine. Er behauptet, immer nur den Umständen entsprechend seine Pflicht getan zu haben. Von dem Unglück, das dabei über die Welt kommt, will er nichts wissen. Nun und wir?"

„Das sieht dir wieder einmal ähnlich, lieber Freund. Du vergleichst dich mit Seehase. Hat er sich schon mit dir verglichen? Er hat sich in der Welt auf deinen Platz gesetzt. Anstatt ihm recht zu geben, sieh lieber zu, wo man ihn anfaßt."

Nach einer Pause, mit besonders hoch getragenem Kopf: „Das Wesen erhebt die Augen zu der Prinzessin."

„Du vermutest?"

„Da ist nichts zu vermuten. Wenn ich für Valentin verzichten wollte – Seehase läge auf beiden Knien vor mir. Natürlich denke ich nicht daran."

„Aber die Prinzessin? Angenommen, mit Seehase stände es, wie du denkst. Er eröffnete sich ihr, sie hätte die Wahl zwischen ihm und Valentin." Der General ward laut im Eifer. „Wie einfältig müßte sie sein –"

„St!“ machte die Generalin. „Einfältig oder nicht, sie liebt.“

„Ich habe nicht den Eindruck, daß Valentin es ihr in unbeherrschbarem Maße erwidert.“

„Unser Sohn hat im Gegenteil vielleicht ganz kürzlich einmal die Herrschaft über sich verloren.“

Der General horchte ergriffen auf die Rouladen, die prächtig anschwollen.

„Woher weißt du? Wann?“

„Wir waren ausgegangen – am Sonntag vor acht Tagen. Auch der Professor war fort. Die Prinzessin blieb ganz allein. Valentin, der beim Rennen sein sollte, ist vorzeitig nach Hause gekommen. Er leugnet es, aber ich habe meine Anzeichen.“

„Welche?“

„Frauen sehen mehr. Du kannst mir glauben.“

Der General sagte einfach: „Dann muß unser Sohn die Prinzessin Adele heiraten.“

„Siehst du. Und der Präsident Seehase muß ihr die Mitgift geben.“ Die Generalin lächelte gesittet.

Er fragte: „Wieso?“

„Aus Ehrgeiz“, sagte sie. Da er die Achseln zuckte, fragte sie:

„Oder weißt du sonst jemand?“

In diesem Augenblick hatten beide den Blick auf der Straße. Sie schwiegen. Plötzlich der General:

„Das dunkelblaue Auto sehe ich nicht zum erstenmal. In die Nachbarschaft gehört es nicht.“

„Jetzt steht es dort genau eine Stunde“, sagte die Generalin. Da ging hinter ihnen die Tür auf, die Prinzessin sagte mit ihrer eintönigen Sprechstimme:

„Halb acht. Und Herr von Lambart?“

Sie stand, der Antwort gewärtig, leicht vorgeneigt. Ihr blühendes Gesicht inmitten rund gestutzter aschblonder Haare sah unschuldig aus Veilchenaugen. Das süßlila Kleidchen ließ unfertige Schultern frei, hohe unreife Beinchen. Ein langgestieltes Persönchen aus der Menge der anderen trat ein und sagte: „Halb acht. Und Herr von Lambart?“ Den Ohren des Generals und der Generalin klang es wie: „Ich bin die Prinzessin.“ Sie grüßten stumm.

Die Prinzessin ging an ihnen vorbei mit dem Schritt der Tänzerin zum entferntesten Stuhl. Sie schlug die Beinchen übereinander, sie sagte in ungnädiger Absicht:

„Ich muß in kein Konzert gehen. Ich kann auch hier sitzen.“ Aber es rührte nur.

Ihr Lehrer war ihr gefolgt, er stand nun hinter ihrem Stuhl und sagte:

„Hoheit, Herr von Lambart ist vielleicht dem Herrn Präsidenten Seehase begegnet, der ihm eröffnet hat, daß Konzerte an Bedeutung verloren haben in jetziger Welt. Wollen Hoheit sich bitte erinnern, daß auch im allgemeinen das Glück des einzelnen und sein Recht an Bedeutung verloren haben. Wir sind noch da und äußern unsere Meinung. Aber gerade der Gedanke hat jetzt den geringsten Einfluß. Erwarten Sie nur nicht, Hoheit, daß irgendwer noch Lust hat, nach ihm umzublicken!“

„Umblicken“, hörte die Prinzessin und wandte das gedankenlose Köpfchen, um in die Augen des Denkers zu sehen. Seine Augen erschienen feucht und visionär, wachsam wie eines Tieres im Walde, aber auch so ungewiß. Er war klein, über den Stuhl der Prinzessin ragte nur sein grauer Kopf mit den breiten, aber hohen Schultern.

Der General fragte: „Wer sagt Ihnen, lieber Freund, daß der Präsident nicht ganz gern Musik hört?“

Die Prinzessin sagte: „Mich hört er gern“ – und sah die Generalin an, die erschrak über den Scharfblick der Einfalt. Sie warf schnell hin: „Eine Art Dieb. Ob ein Dieb gern Musik hört oder nicht –“

Hierzu blickte die Prinzessin nur veilchenblau. Der Professor erklärte: „Wir verachten niemand wegen seiner Laster und Verbrechen, sofern sie nur im Sinne der Welt sind. Es kommt einzig darauf an, der wirklichen Welt gewachsen zu sein. Das erstreben wir mit aller Frömmigkeit des Gemütes."

Der General betrachtete ihn voll Nachsicht und Freundschaft.

„Lieber Freund, Sie begnügen sich damit, zu verstehen, was Sie nicht ändern können. Sage ich ihm aber: ich kenne Sie – dann fallen ihm die Augen zu."

Seine Frau fragte: „Und wirst du, was du von ihm weißt, benutzen – im äußersten Falle wenigstens?"

„Dann fürchte ich wieder, daß ich lachen muß. Stellen Sie sich ein Ereignis wie dieses vor! Ich ließ mich zeitweilig in der Heimat verwenden, kurz vorher hatte ich im Schützengraben durch eigene Unvorsichtigkeit das Auge verloren."

„Aus reiner Sorge um die Ihnen anvertraute Mannschaft, mein lieber General."

„Genug, ich komme in ein Kriegsamt. Ein Zivilist steht dort und bietet Lieferungen an. Er sah nicht übel aus, man ließ ihn sich setzen. Indes er aber tatkräftig verhandelt, erkenne ich in ihm einen gemeinen Soldaten, der mir in demselben Amt drei Tage vorher über den Weg gelaufen war. Ich will drauflos, den Kerl entlarven, da sagt er: ›Das neutrale Ausland zahlt, was ich will, und ich muß nicht wissen, ob dahinter der Feind steckt.‹ Worauf er den Auftrag bekam. Ich hatte vor Staunen den Moment verpaßt und ließ ihn laufen. Was wollen Sie mit solchem Menschen machen?" schloß der General, senkte die Schultern und lächelte bescheiden mit seinem ganzen runden und wohlwollenden Antlitz.

„Das hattest du mir nie gesagt!" rief die Generalin. „Das war er? Daher kommt er?"

„Nicht, daß er Kaufmann war. Ich bin ihm damals nachgegangen. Er vertrat nichts und niemand. Sein einziges Subsistenzmittel war der Zufall."

„Das fehlte noch." Die Generalin rang die Hände. „Und du vernichtest ihn nicht."

„Dann wäre es vorbei mit meiner heimlichen Wissenschaft und mit seinem Augenschließen – das doch mein einziger Trost ist."

„Übrigens", sagte der Professor weiter, „wird heute niemand mehr vernichtet, der viel Geld hat. Es wäre auch unmoralisch."

„Das kann ich nicht länger anhören!" Die Generalin ging zur Gartentür, die Prinzessin folgte ihr.

„Wird er denn nicht kommen? Ich liebe ihn so sehr", bat die Prinzessin kläglich. Die Generalin murmelte: „Dann lernen Sie gleich anfangs, nicht auf ihn zu rechnen!" Dies nur im Vertrauen auf die Einfalt der Armen.

„Es wäre höchst unmoralisch", beteuerte der Professor. „Bedenken wir doch, wohin es führen muß, wenn unsere Reichsten vor Verhaftung nicht geschützt sind. In dieser Hinsicht sind kürzlich Fehler begangen worden. Die Justiz mischt sich in Dinge, die sie nichts angehn. Oberhalb von zehn Goldmillionen enden ihre Befugnisse. Das ist endgültig erworben. Es ist geheiligt. Dort beginnt das Recht der Gesellschaft auf Achtung ihres Gefüges. Niemand, dessen Bestrafung es erschüttern würde, kann ein Schurke sein. Ich neige meinen grauen Kopf vor ihm. Präsident Seehase steht für mich über dem Gesetz."

Sein Freund, der General, sagte: „Sie sind Ordnungsmann, Professor. Aber wer dankt es Ihnen?" Mit Blick auf den Rock des Freundes, der staubig erschien, nur weil er so alt war. Der Professor erwiderte rein und in unbeirrbarer, tiefer Heiterkeit: „Glaube belohnt sich selbst. Ich bin ein Kapitalist ohne Geld. Ich habe nichts, aber ich habe auf den mühevollen Wegen des Geistes das Recht erworben auf die Anschauungen derer, die alles haben. Das Recht gebe ich nicht her."

„Sie denken?“ fragte sein Freund, „und kommen nicht zur Gesetzlosigkeit?“

„Ich komme zu Gott – der gleichzeitig der größte Anarchist und der unbedingteste Verehrer aller gegebenen Tatsachen ist.“ Dies mit Kraft.

„Professor Wunder!“ sagte zärtlich der General. Er nahm den Arm des Freundes. Der Größere über den Kleineren geneigt, gingen sie langsam durch das Zimmer.

Die Prinzessin am Fenster sagte: „Wird er durch die Hardenbergstraße kommen? Ich mag nicht, daß er aus der Marchstraße kommt. Aber das tut er jetzt meistens ...“ Sie ward abgelenkt durch Kinder, die im Eifer des Spiels einander bis nahe vor die fahrende Straßenbahn jagten ... Hierauf bemerkte sie drüben das dunkelblaue Automobil. Sie bewunderte es lange und voll bescheidenen Verlangens. Könnte es je geschehen, daß sie mit Valentin in einem so herrlichen Wagen führe! Ob Gesang so viel Geld einbringe? Oder die Stellung, die Professor Wunder in der Filmgesellschaft bekleidete?

Die Generalin lächelte taktvoll. Der alte Lehrer, der Prinzessin uneigennützig ergeben, hatte sie für ein genaues Lebensminimum von ihrem hohen Vater übernommen. Er war ein Sonderling, im Grunde verwandt ihrem Mann, dachte die Generalin. Die beiden hatten sich gefunden. Wenigstens war dadurch die Prinzessin hier ins Haus gekommen ... Ihr Lehrer hatte sie gerettet, der Herzog war damals drauf und dran, sie in einer Heil- und Pflegeanstalt verschwinden zu lassen. Dort konnte sie seinen hochfliegenden Absichten mit der älteren Tochter nie mehr in die Quere kommen. Professor Wunder sollte die arme Unschuldige sogar erst die Sprache der Erwachsenen gelehrt haben. Sie hatte Rückfälle und sprach wie ein Kind. Sie merkte es selbst, sie floh dann. Professor Wunder verbot, daß man ihr folgte, wenn sie floh. Sie war nicht einwandfrei, nicht einmal ganz bekannt ... Aber sie liebte Valentin – und war Prinzessin. Die Generalin berührte tröstlich den schlanken Arm.

„Valentin! Valentin verdient für euch beide das schöne Auto!“

„Ganz gewiß Valentin?“ fragte die Unschuldige. „Und er kommt durch die Hardenbergstraße?“

Die Generalin sah nach den beiden Männern um.

General von Lambart und Professor Wunder umwandelten Arm in Arm den Monumentaltisch. Sie sprachen nicht mehr, sie schwiegen befreundet. Sie kannten sich seit fünf Jahren. Sie hatten keine lange Zeit miteinander durchlebt, aber eine prüfungsreiche. Jeder hatte den andern kämpfen und trotz Niederlagen tapfer bleiben gesehn. Sie halfen einander durch Achtung und guten Willen, mehr konnten sie nicht tun. Wunder hatte die Gewissenszweifel Lambarts vollauf gewürdigt, als Lambart bei Seehase war und als er ihn verließ. Ohne ihnen wissenschaftlich folgen zu können, begriff der General die quälenden Bedenken des Professors, der für ein Filmmanuskript, und den aktuellen Zwecken der Filmgesellschaft zuliebe, Tag für Tag die Geschichte fälschen mußte. Vorher schon hatte er es mit mancher anderen niedrigen Arbeit versucht. Er tat sie in Demut für seine Prinzessin. Die Freunde verstanden sich, sosehr sie voreinander Diskretion wahrten. Sie kannten sich aus einem Buchladen. Als sie dort gleichzeitig nach demselben Heft gegriffen hatten, zog dieser wie jener die Hand zurück und bat höflich, nur zu nehmen. Das war keiner von ihnen mehr gewohnt, es begegnete jedem nur noch bei ihm selbst. Er staunte – und dies Erstaunen war die erste Freundestat, die sie einander erwiesen.

Die Generalin kehrte zum Fenster zurück, da stand das schöne Auto offen, und eine Frau war ausgestiegen. Es war die Frau von neulich, sie kam über den Damm. Jetzt hielt sie, wie neulich, hinter dem Gitter des Vorgartens, die Stöße Vorübergehender fühlte sie nicht. Vom Fenster trennte sie sich nur, um auf und ab über die ganze Hausfront zu streichen mit ihren Augen, die wohl prachtvoll wirkten in dem weißen Gesicht. Die Generalin fühlte, daß die Dame elegant war wie neulich, nur über die Firmen ward sie sich diesmal nicht klar, sie war zu erregt.

Die Erregung packte sie unvermittelt und von Grund auf, wie eine hereingebrochene Entscheidung, sie wußte nicht, welche. Schrecklich durchjagten sie Ängste, was alles vielleicht sich entschied. Die Gefahren, in die Valentin vor zwei Jahren sich hatte verwickeln lassen? Kehrten sie dennoch furchtbar zurück? Oh! die Generalin wußte nichts. Valentin hatte in einem Anfall von Schwäche nur geweint, sie hörte nur Tränen, die das Wort erstickten. Aber einer war gefallen, einer von ihnen, ein ganz junger, ein Kind ... Die Frau draußen konnte seine Mutter sein, gekommen, ihn zu rächen!

Die Generalin hielt sich, um nicht aufzuschreien. Da hörte sie aber wimmern, es war die Prinzessin, die drückte die Hände vor das Gesicht und entsandte leise, durchdringende Klagelaute. Kein Zweifel, dies war Eifersucht. Auch die Generalin ward von ihr erfaßt. Jene abenteuerlichen Ängste verblaßten, die Natur überwog, und die Generalin haßte die Unbekannte.

Gerufen von der Klage der Prinzessin, drängten General und Professor hinzu.

„Die muß ich kennen", sagte der General.

„Kommen Sie, Hoheit!" sagte der Professor schreckensvoll. Die Prinzessin kam nicht, sie wollte nichts verlieren von ihrem Leiden. Sie griff, um sich anzuhalten, nach dem Wolkenstore, der wegglitt. Die Dame konnte auf einmal erkennen, sie erkannte alle. Dies war nun auch für sie zuviel, sie wich, immer herstarrend, bis an den Rand des Fahrdammes. Dort wendete sie sich ab, ging schnell hinüber mit dem sonderbar geschmeidigen Gang, dessen die Generalin sich erinnerte, und stieg in ihren Wagen. Sogleich fuhr der Wagen, er bog linksum in die Marchstraße, Richtung Tiergarten.

In dem Augenblick aber, als das Automobil verschwunden war, stand Valentin da. Er stand eben dort, wo eine volle Stunde lang das schöne Automobil auf ihn gewartet hatte. Er mußte hinter der Straßenecke abgepaßt haben, daß es verschwände. Jetzt eilte er mit großen Schritten herbei. Sie hörten im Haus die Türen gehn, er betrat den Salon.

Die Prinzessin war dunkelrot bis in die gestutzten Haare. Nach seinem Handkuß für die Generalin sah sie Valentin unausweichlich nahen, da schlug die Prinzessin eine ihrer weißen Hände vor das gerötete Gesicht, das sie ganz damit bedeckte. Mit der anderen ließ sie geschehen, was er wollte. Hinter ihr, die Arme von den Hüften abhebend wie ein Schutzengel, wachte der Professor.

Der General ließ seiner Frau das Wort.

„Was bedeutet das?“ fragte die Generalin. „Das Konzert hat angefangen.“

„Das wollte ich sagen“, erklärte er höflich. „Ich habe stattdessen Karten für die Scala.“

Während er sich der Generalin zuwendete, lief hinter ihm die Prinzessin aus dem Zimmer. Sie war schon durch die Glastür, bevor er begriff. „Ein argentinisches Tanzpaar!“ rief er und wollte nach, aber der Professor vertrat ihm den Weg. Eine Gebärde, die zur Diskretion verwies, und der Professor schloß hinter sich allein die Glastür. Man sah ihn noch am Flügel verweilen, nur zögernd folgte er der Prinzessin nach ihren beiden Zimmern dort hinten. Sie wußten, er trat bei solcher Lage nicht zu ihr ein. Er ging, die Hände auf dem Rücken, im Korridor hin und her, bis sie wieder ihre zarten Farben hatte.

„Nun?“ fragte im Salon die Generalin. „Wer war es?“

Valentin machte Erstaunen. „Wen meinst du, bitte?“ Ein Blick in das zweiflerische Lächeln des Generals belehrte ihn, daß es zu spät sei.

„Baronin Hartmann“, sagte er ergebungsvoll.

„Echt?“

„Auto, Perlen, Villa im Tiergarten sind echt. Wahrscheinlich auch der Name.“

Der glänzende Blick der Generalin ging von Valentin zum General. „Hartmann?“ fragte sie. Er zuckte die Achseln – worauf sie noch höher ward.

„Ich weiß es. Lorenz Hartmann. Er war aus Hamburg. Piet und Hartmann. Einer der Söhne trat aus der Firma und reiste. Den Adel hatte er aus Wien oder vom Papst. Er ist schon längst tot. Was ich nicht wußte, ist die Frau."

„Sie waren nur kurze Zeit verheiratet."

„Ich werde mich erkundigen. Sage mir lieber, woher du sie kennst."

Valentin befragte mit den Augen den General – zerstreut und nur, um Zeit zu gewinnen. Der General erkundigte sich halblaut. „Es wird doch nicht ernst sein?"

„Nein", behauptete Valentin. Die Generalin verlangte:

„Dann sage doch, wo es war?"

Valentin entschloß sich zu lachen. „In Spielklubs", sagte er wunderbar leicht. Hier pfiff der General durch die Zähne. Die Generalin ließ die Arme fallen.

„Das fehlte uns noch", sagte sie schwach.

„Nein! Nein! Ich versichere euch", Valentin ward noch höflicher, er ward weich. „Eure ungünstigen Vermutungen gehen fehl. Baronin Hartmann ist Dame. Keinen falschen Verdacht, bitte gehorsamst! Die Beziehungen sind streng gesellschaftlich. Ich könnte euch jeden Augenblick mit ihr bekannt machen." Noch fügsamer – weil ihm schwül ward bei dem, was er sagte.

Der General dachte: „Jetzt hat er wieder einmal gar keine Knochen mehr." Auch ihm ward schwül, sooft Valentin, um wohlgelitten zu sein, einen so höflichen Körper bekam, diese werbenden Bewegungen. Etwas wie Schuldgefühl ergriff ohne verständlichen Grund den Vater. „Eintänzer war er auch schon", mußte der Vater denken. „Nicht nur Offizier, nicht nur Angestellter und Kleinspekulant, auch Eintänzer." Er trat fort. Er setzte sich zu der Leselampe, die er andrehte.

„Willst du mir die Sache nicht erzählen?" fragte die Generalin vertraulicher als vorher.

Valentin besann sich noch, als sein Körper schon weich zustimmte, es war im Grunde ein Zauber für die Generalin. Sie mußte sich erst vorhalten, daß er schwach und erfolglos wie der General war, früher fand sie den rechten Maßstab nicht. Er hatte doch im Krieg sich ausgezeichnet, jetzt aber ward unversehens aus dem stolzen jungen Leutnant etwas Schlimmeres als sein Vater, etwas Lakaienhaftes vor der Welt, in der er lebte. Früher, als sie ihn noch erschießen lassen konnte, war er der Welt mutiger begegnet.

„Nun gut, Mama. Viel ist nicht zu sagen, aber dein Wunsch ist mir Befehl. Du weißt, man spielt auch mal unglücklich. Baronin Hartmann saß grade neben mir."

„Zufall?"

Kurzes Stutzen. „Ja, Mama." Er verbesserte lächelnd: „Von meiner Seite. Denn ich kannte sie noch nicht. Also sie half mir aus. Es kam, wie so etwas kommt. Plötzlich kann man ohne Ungezogenheit nicht mehr ablehnen. Du glaubst nicht, wieviel Geschicklichkeit, welchen Takt sie entwickelte."

„Verlangte sie Zinsen?" fragte der General hinter seiner Zeitung. Da Valentin höflich schwieg: „Hast du bezahlt?"

„Ich versuchte es. Ich blieb sogar so lange fort aus dem Klub, bis ich es einigermaßen konnte. Aber es machte sich, ich weiß kaum, wie, daß ich gleich wieder in ihrer Schuld war."

„Ein Geldverhältnis, und das nennst du nicht ernst?" Der General wandte sich ab mitsamt seinem Stuhl. Er tat es hauptsächlich, damit man nicht sah, daß er sich verfärbte. Seit kurzem spürte er seine Galle deutlicher. Die Generalin fragte sehr einfach: "Es ist eine Passion?"

„Von meiner Seite bestimmt nicht, Mama."

„Aber von ihrer?"

„So wie du es wohl meinst, scheinbar auch nicht."

„Dann verstehe ich nicht."

„Es ist auch schwer zu sagen."

„Ihr Auto hält dort drüben Tag für Tag. Sie selbst sehe ich hier das zweitemal, womit nicht gesagt ist, daß sie nicht öfter kommt."

„Ich glaube, Mama, sie kommt sogar schon seit dem Winter seitdem ich ihr, als Sicherheit für ihr Geld, Namen und Wohnung angeben mußte. Die kannte sie übrigens vielleicht schon, sie wollte mehr hören, Persönliches bis zurück zu meiner Kindheit. Ich hatte den Eindruck, nur darum habe sie mir das Geld aufgedrängt."

„Was hat sie davon?"

„Sie interessiert sich – zunächst und vor allem für das Haus."

„Unser Haus?"

„Es stand nämlich schon, als sie vor fünfundzwanzig Jahren gegenüber wohnte. Nein, nicht sie, eine Freundin. Du verstehst?"

„Keine Spur, was dies soll."

„Eines Nachts im Winter hat sie das Dienstmädchen ihrer Freundin das Haus verlassen und ein neugeborenes Kind zum Brunnen tragen gesehen. Damals soll vor unserem Haus ein Brunnen gestanden haben."

Die Stimme des Generals:

„Das erste wahre Wort."

Die Generalin verlor die Geduld. „Ein Dienstmädchen hat vor fünfundzwanzig Jahren ihr Kind ertränkt."

„Nicht ertränkt", sagte Valentin, er schien sich zu schämen und nur daher leicht aufzulachen. „Das Kind ist auf den Rand der Brunnenschale gelegt worden. Als das Mädchen später nachsah, wurde es grade fortgetragen. Jemand aus diesem Haus soll es fortgetragen haben."

„Noch schöner", der General belustigte sich. „Haben wir es denn?"

Die Generalin wußte nicht mehr weiter.

„Baronin Hartmann macht sich noch heute Sorgen um das Kind des Dienstmädchens?"

„Sie will es wiedererkannt haben", sagte Valentin. Hier blitzten die Augen der Generalin auf. Sie setzte an, schwieg aber. Ihr zweiter Gedanke war: „Und ich hielt sie für höchstens fünfunddreißig ..." Auch Valentin schwieg.

Vernehmen ließ sich der General.

„Ohne dir vorgreifen zu wollen, Ina, das Kind war von der Hartmann. Alles andere ist Gefasel. Diese Baronin Hartmann hat einfach außer der Ehe ein Kind gehabt."

Niemand antwortete. Nochmals Schweigen. Zuletzt hielt auch der General den Atem an. Die Generalin neigte sich gegen Valentin vor, sie sah ihm wie aus Zerstreutheit in die Augen.

„In wem hat sie das Kind erkannt?"

„Du hast es erraten, Mama", sagte er genauso zurückhaltend.

Der General hatte sich ganz hergewendet, er starrte die beiden an. Plötzlich stand er auf. Er kam herbei über den weiten Boden, den Kopf auf der Schulter und mit langsam schleifenden Schritten – so langsam, als erwartete er in der Sache doch noch eine Wendung. Als er endlich bei ihnen war, sagte die Generalin mit Blick vom einen zum andern:

„Das fängt an wie im Märchen."

Zweites Kapitel

Valentin ging in die Tiergartenstraße schon seit Wochen. Wenn er das Gittertor öffnete, sah er jemand am Fenster ihn erwarten. Wenn er den gelben Gartenweg dahinging, vorüber an groß gezeichneten Anlagen und der Rampe, die prachtvoll auslud, sah er im Haus schon Bewegung. Die Villa, niedrig, mit großen Fenstern, ließ alle Sonne ein, die sie fassen konnte. Vorhänge wurden gerafft, Schatten eilten. Er kam an, schon war die Tür geöffnet von den vertraulich lächelnden Dienern.

Es waren zwei, Franz und Herr Tietge. Sie schienen ihn längst gekannt zu haben, sie waren so von Herzen beflissen, daß seine gute Natur dazu gehörte, einfach zu bleiben und kein verwöhntes Gesicht zu bekommen.

Dies erinnerte ihn an verlorene Sicherheit des Lebens und an vergessene Pflege.

Oben auf dem dicken Teppich des Vorraums stand die Zofe Kläre und hielt beglückt die Wange hin, er mochte mit dem Finger darüberstreichen. Dann ließ sie ihn hinein zu Frau von Hartmann, die ebenso schlicht wie ihre Dienerschaft zeigte, daß sie sich freute und daß sie alles nur natürlich fand. Sie gab ihm seinen Platz beim geöffneten Fenster, sein Buch und seine Zigaretten. So kommt man von einem Ausgang heim. Sie entschuldigte sich nicht mehr, um vor dem Essen ihn eine Zeitlang allein zu lassen.

Hinter sich im Fenster die leis wispernde Baumkrone, sah er die Tiefe des flachen, hellen Sitzraumes übergehn mit weitgeöffneter Wand in das weiße Eßzimmer und zuletzt im Terrassenfenster wieder Grün stehen. Kein hohes Möbelstück beschränkte das Auge. Flach, zart und gemessen entfernten die Gruppen der Möbel sich vor dem Blick wie eine Gesellschaft, die sich findet und wieder teilt. Nur Blumen überragten sie rot und gelb – nicht viele Blumen. Der einzige sehr große Farbenstrauß blieb an der Wand das Bild der Hausfrau, gemalt von Renoir.

Es blühte rot und gelb. Der Schal war gelb, die Haare waren rot. Gelb und rot waren Goldtapete und der große Rubin. Das Licht war gelb und rot, der Glanz des dargestellten Wesens gelb und rot. Aber Glanz und Licht übersonnten durchsichtig doch nur ein vollkommen weißes Gesicht und das tiefe Dunkel der stumm und fest gesinnten Augen. Dies war die Jugend der Frau, die für viele der Maler hatte strahlen gesehen in den stärksten Farben des Lebens. Es war ihre Jugend. Was noch übrigblieb, was Valentin kannte, war Nachglänzen, Alleinbleiben, wenn die Sonne sinkt, das Insichgehen und Lauschen.

Er dankte seinem Schicksal, daß es ihn nicht früher hergebracht hatte. Baronin Hartmann in voller Pracht – Valentin kannte sich, es wäre zu stark gewesen für ihn. Valentin von Lambart war nicht demütig, nur muß man wissen, wo man der Herr ist. Die Mädchen und Frauen, die vor einigen Jahren nach dem jungen Offizier die Augen lenkten, als strahlte ein ganzes Fest sie an, rückten dadurch ihrerseits halbwegs in Schatten. Sie konnten reich gewesen sein und Namen getragen haben, auf keinen Fall hatten sie die Machtstellung der Frau in Gelb und Rot. Denn die feierte ihr Künstler im Namen einer Welt von Siegern. Die behauptete sich im unvergänglichen Bildnis bei den Siegern des Lebens, Valentin von Lambart hatte unter ihnen nur ein kurzes Gastspiel gegeben.

Jedesmal bei längerer Betrachtung des Bildes fühlte er sich hier auf verbotenen Wegen – noch jetzt, da er monatelang die Frau und schon manche Woche ihr Bild kannte. Erstens verschwieg er der Baronin Hartmann die Prinzessin Adele und dieser die schöne Dame. Wenigstens die Prinzessin hätte sich gekränkt. Aber auch er selbst hätte sich vor ihr schämen müssen. Er, so gnädig bei der sanften Adele, ließ sich hier zum Pflegling machen. Dort war er freigebig, hier nahm er Wohltaten. Mit Adele, seiner Prinzessin, die noch spielte wie ein Kind, führte er ein verträumtes zweites Leben abseits der unerfreulichen Geschäfte des Lebens. Hier dagegen machte eine andere sich über ihn Illusionen, und was für welche. Hier nützte er eine Verirrung aus. Sie war unerhört, war gefährlich, und er nützte sie aus. Man durfte daran nicht denken. Dies Haus war ein Vulkan.

Die Hausfrau hätte ihn doch nicht allein lassen sollen. Solche Gedanken kamen, wenn sie fort war. Nun kehrte sie aber wieder, war mit vollkommenem Takt angezogen und ließ sich so ruhig, so selbstverständlich von ihm zu Tisch begleiten, daß niemandem Zweifel an der Berechtigung seines Hierseins geblieben wären. Während Herr Tietge den weißen Lehnsessel und sein rotes Kissen unter Frau von Hartmann schob, tat Franz es für Valentin. Wenn die Diener serviert hatten, verschwanden sie im Hintergrunde durch eine weiße Tür. Sie brachte jedesmal die Rede von den beiläufigen Gegenständen auf den allein wichtigen, ihn selbst. Er fürchtete sich vor dem Augenblick des Erzählens, bis er da war. Dann ergab sich wider Erwarten leicht, bis wohin man gehen durfte. Sie hatte bei weitem zuviel Welt, um Vertrauen über den bis jetzt gegebenen Punkt hinaus zu fordern. Mehr würde sie nicht einmal zugelassen haben. Manchmal wiegte ihre klassische Beherrschtheit ihn ein, er vergaß, was in ihrem Kopf saß, unverrückbar, wie er sogleich wieder sehen sollte.

Es tat wohl, gegen ihre glatte, breite Stirn zu sprechen, ihr gegenüber, nach dem Essen. Sie saß aufgestützt, unter ihrem Kinn hingen von den klaren Händen diese zugespitzten, vorn aufwärts gebogenen Finger, auf denen Steine glühten. Sie hatte die völlig grade Nase mit breiter Wurzel, die einzige, die ihn in seiner Lage nicht einschüchtern konnte. Angesichts der gebogenen, blassen der Generalin würde er kein Wort vorgebracht haben. Ihre stumm eindringenden Augen standen weit auseinander, sein Blick hatte zwischen ihnen Raum, sich zu bewegen. Er fühlte die schönen dunklen Bogen der Brauen ihm zuhören. Eine Ohrmuschel verschob sich merklich, weil ein spannendes Wort sie traf. Die Lippen lösten sich schließlich unbewußt und feucht.

Zuerst war einige Male nur vom Spielklub die Rede gewesen, dem Boden, auf dem sie einander gefunden hatten. Neutraler Boden, sie mußten noch nicht von sich selbst sprechen, denn natürlich spielten beide nur „zum Vergnügen“. Sie einigten sich auf Geringschätzung der geschminkten Schönheiten mit Hornbrille, die das Geld ihrer Begleiter verloren, auf Mißtrauen gegen die russischen Emigranten mit tiefen Stimmen, die abwechselnd die Bank hielten. Der gute kleine Musiker, der, wenn nicht in Zoppot, hier seine Gagen verspielte, bewog sie zum gleichlautenden Bedauern. Valentin aber gewann doch? Mit dem Geld, das sie ihm lieh, hatte er doch Glück? ... Sie erfuhr, dies helfe nichts, er müsse alles sofort in andere Klubs tragen, wo er bei einem Croupier in Schulden saß. Er sagte gleich: beim Croupier, damit sie nicht an Frauen denke. Sie fragte dennoch nach Frauen.

Hier hatte er an einem Tage, der wieder eine Schranke zwischen ihnen aufhob, seine Gönnerin ein für allemal gebeten, sie möge nicht glauben, er sei gewohnt, Frauen in Anspruch zu nehmen. Nur ganz erstaunliche Umstände hätten es ihm in einem einzigen Fall zur Not verzeihlich erscheinen lassen.

Nach einem Schweigen ward er leicht und lachte. Zu Hause gelte er als Don Juan – er sagte es, als sei die Frage hier nicht das Geld der Frauen, nur das Glück bei ihnen ... Leichtsinnig erklärte er auch, seit wann besonders. Man hatte einst in der Berliner Straße nach ihm gefragt, zwei Herren, denen scheinbar der Ehrenhandel im Gesicht geschrieben stand. Die Generalin hatte ihn verleugnet, er sei abgereist, verschollen, tot. Er war dann wirklich eine Zeitlang aus dem Verkehr verschwunden. Jahre waren es her, aber er behielt die Generalin im Verdacht, daß sie die beiden Kartellträger noch immer fürchtete. Dann hatte sie sie freilich wohl nie für echte Kartellträger gehalten – und ihn nicht für den Don Juan. Nur sagte man im Hause Berliner Straße selten, was man wirklich voneinander dachte. Gewisse Leute hatten damals mit ihm etwas ganz anderes als galante Händel vorgehabt. Noch immer hatten sie es im Grunde vor ... Dies klang trotz Lachen wohl dennoch ernster, denn ihm klopfte das Herz. Leichtsinnig hatte er angefangen, war aber jetzt auf dem Punkt, die selbstgeschaffene Gelegenheit zu benutzen, um endlich einmal seine schwerste Sorge zu äußern. Er trug schon zwei Jahre lang die schwerste Sorge allein. Kein Gedanke daran, zu Hause je sich auszusprechen. Aber hier? Ja, vielleicht hier! Er suchte in ihren Augen. Da kam sie ihm zuvor, sie fragte, ob er mit den Seinen nicht vertraut genug stehe, sie einzuweihen. Waren es im wahrsten Sinne die Seinen? Hatten sie ihn denn glücklich gemacht? Hatte er das Gefühl, im Leben am rechten Platz zu stehen? Hatte er es je gehabt?

Ihr ständiger Gedanke. Er sollte nicht der Sohn seiner Eltern sein. Nur dies hörte sie aus allem, was er sagte von sich und seiner Sorge. Sie dachte nur an ihre eigene. Wenn er am wenigsten darauf vorbereitet war, verriet sie sich wieder. Er verzichtete, auch sie konnte ihm seine schwerste Sorge nicht tragen helfen. Er sagte schonend und als habe er ihre Absichten nicht erfaßt, daß die Gegenwart, wie die meisten, auch ihn vorwiegend enttäusche und falsch verwende. Als Beamter eines Industrieunternehmens könne er augenscheinlich nicht leisten, wozu er geboren sei. Sie unterbrach, sie wollte wissen, wozu er geboren sei. Er zögerte. Sie fragte nachdrücklich. Er wußte es nicht.

„Wie sollte ich es wissen", sagte er bitter, und dann mit Pausen, die sie nicht störte: „Man wird doch nicht für den Krieg geboren? Das war aber grade die Zeit, in der ich an mich glaubte. Ich war ein schmutzbedecktes, verfolgtes wildes Tier, keine Stunde des bloßen Lebens sicher, und grade damals hatte ich Selbstvertrauen. Nicht, daß ich den ganzen Krieg im Schützengraben verbracht hätte, es kam nur vor. Ich war auch in der Etappe und durchsuchte unter anderem für meinen Kommandeur so lange die Stadt nach bestem Kognak, bis ich ihn im Bordell fand. Das war nicht rühmlich, trotzdem glaubte ich noch an meine Sendung hienieden. Unter dem Präsidenten Seehase glaube ich nicht mehr daran, aber es ist nicht nur seine Schuld. Jede Gesellschaft macht, glaube ich, den Anfängern, die in ihr leben sollen, entweder Mut, oder sie entmutigt sie. Diese heutige Gesellschaft entmutigt nur. Sie versteht es nicht besser, was soll man ihr sagen."

Diese Pause entstand, weil er errötete und zu seiner Beruhigung ein ganzes Glas Wein trank.

„Mich hat niemand an irgendeiner Dummheit gehindert, denn wer sollte voraussehen, was später bestraft werden würde oder was ganz im Gegenteil zu Macht und Erfolg führte. Konnte Seehase sein Glück voraussehen? Jeder setzte auf seine Karte, wozu sind wir alle Spieler. Ich habe bisher nicht gewonnen ... Als Papa Generaldirektor wurde, kam viel Geld. Aber es war der schlechteste Zeitpunkt, viel Geld zu haben, man stieg nur um so sicherer in falsche Abenteuer. Was sollte ich tun, ich hielt mich zu meinesgleichen, ich hatte Standespflichten – erst recht, als die Republik in ihrem Vertreter Seehase meinen Alten das viele Geld verdienen ließ. Flauheit wäre Verrat gewesen. Ich tat, was meine Leute wollten. Ich machte nur mit. Aber sie bekamen mich in die Hand, und leider sind sie die Leute, das auszunutzen. Davon mußte ich mich überzeugen."

Jetzt hatte er dennoch viel gesagt. Er atmete aus, er wartete, ob sie fragte. Sie schwieg, er sprach weiter.

„Papa verlor die Stellung, wir wurden arm wie nie – was aber meine eigenen Kameraden nicht hinderte, weiter Geld von mir zu fordern. Sie wußten zuviel, ich zahlte. Dafür spielte ich. Ach so, wir spielen zum Vergnügen. Gewiß, und dann, weil man in Abhängigkeiten verwickelt ist, und auch, weil ich doch nicht unbegrenzt Eintänzer bleiben konnte."

Er schlug sich vor den Mund.

„Vergebung! Das durfte nicht kommen. Ist es auch nur als Einblick lohnend? Ich war nicht der erste, der seine gute Erziehung zu Geld machte, in die großen Hotels ging und die Damen richtig führte. Die Damen zahlten, je nachdem ich ihr Geschmack war, im ganzen brachten sie mir mehr als der Klub oder als Seehase. Dazu kommt die dort geübte Gelenkigkeit, die Kunst, mich anstandslos vor jedermann zu verbeugen, auch vor den Herren der zahlenden Damen."

Zum erstenmal bekam er harte Augen, gepreßten Mund.

„Es war die reich-bürgerliche Gesellschaft. Jede Gesellschaft weiß, was sie von den ihr unterworfenen Menschen zu halten hat und wozu sie sich ihrer bedient. Ich habe mit ihr getanzt und bin bezahlt worden, ich fordere nichts nach. Ich kann zu dem allen nur sagen, daß es eine Erfindung der reich-bürgerlichen Gesellschaft ist, ihre Frauen und Töchter mit bezahlten Angestellten tanzen zu lassen. Auch der Adel hat Abhängige mißbraucht – aber noch nicht dazu."

Seine Züge verloren schon wieder die Schärfe, höflich entschuldigend war das Lächeln, mit dem er sich verbeugte. Er trank der Dame gegenüber zu. Ach! zu viel Weichheit. Es waren die widerstandslosen Knochen des Bezahlten.

Sie empfanden es beide und ließen die größte Pause kommen. Er murmelte nur noch: „Bin doch genau besehn erst fünfundzwanzig. Habe dafür schon reichlich Leichen hinter mir."

Plötzlich hörte er das Wort, er erschrak. „Keine wirklichen! Die meine ich nicht. Die sind das wenigste. Aber bis aus einem Leutnant, dem die Welt gehört, der Eintänzer wird und aus dem großen Helden der kleine

Schieber – da hat das Leben aufgeräumt. Ich fühle mich manchmal als nichts sicher Gegebenes, nur als Durchgang für Zwischenfälle. Da verlangt die Welt noch Willen! Mein einziges Selbstgefühl ist, daß ich den Tod kenne – und diese Gesellschaft fürchtet ihn. Ich würde mich über gar nichts wundern, auch nicht, wenn ich ihr mal mit Handgranaten gegenüberstände."

Er hatte viel getrunken und bereute es angstvoll. Vor ihm eine Dame, diese Dame – und sein verantwortungsloses Schwatzen! Er hielt es mit Gewalt an. Nur sein Ohr hörte immer noch jenes Wort. Leichen! Da ging weit ein Bild vor ihm auf – nicht aus dem Krieg, es war nachher, ein Wald ging auf, der Wald vor zwei Jahren. Sie schritten dahin zu dreien, der kleinste inmitten. Sie sangen, denn auch die Vögel sangen. Alle Büsche blühten, blauer Himmel schien durch die frisch belaubten Bäume. Als der Weg aber am engsten ward zwischen den Buchen, winkte der dritte Kamerad Valentin, vorauszugehn mit dem Kleinen. Valentin tat es. Er legte den Arm um den Kleinen, er beugte sich hinter ihn, um ihn zu schützen, hielt ihn dadurch aber auch ab, sich umzusehn. Hätte er in jenem Augenblick noch zurück gekonnt? Es gewagt haben! Dann wäre nicht, was jetzt war.

Valentin hatte nicht gewagt, sich aufzulehnen, er warnte nur flüsternd das Opfer, schon fiel aber der Schuß. Der Große hatte den Kleinen von hinten erschossen. Dort lag das Kind, denn er war ein Kind noch gewesen, und zuckte so leise, daß das alte Laub, in das er gefallen war, kaum davon raschelte. Der Kleine war ein Verräter gewesen, wenn auch wahrscheinlich nur ein kindischer. Gleichviel, diese einzige kleine Leiche war unerträglicher als die unermeßlich vielen, gräßlich zugerichteten des ganzen Krieges. Valentin war vor ihr geflohen – einige Schritte, und hingebrochen unter der Buche. Der dritte Kamerad kam nach, sah seinen Zustand, sein Gesicht – und griff noch einmal zur Waffe. Da war Valentin auf und auf ihm. Die Waffe flog ins Dickicht, schwer stürzte der Mann ... Valentin hatte ihn nicht wiedergesehn. Aber seitdem erpreßten sie ihn.

Sie glaubten nicht, daß er immer schweigen werde. Solange er Geld gab, glaubten sie sich seiner ungefähr sicher. Wenn er aufhörte, drohten sie.

Sie waren nicht einfach Schufte. Hatten sie im Grunde sogar recht, ihn zu verachten? Ihn aber trennte von ihnen jene kleine Leiche – und auch, daß er mit Gegenwart und Gesellschaft, mochten sie auch nur Zwischenspiel sein, sich doch nun abfand als was immer, sogar als Eintänzer.

Worauf er wieder die Hotelhalle und seine eigenen Verbeugungen sah. Zwischen Leiche und Verbeugungen wanderte sein Gedanke.

Sein Gegenüber fühlte nur: der Arme! Sie fühlte: der Arme, ist dies seine Jugend? Ich hätte dasein sollen. Ich hätte ihn besser verstanden ... Indes bemerkte sie, daß dies nicht sicher war. Wer versteht eine andere Jugend – wäre auch die eigene ihr vielleicht nicht unähnlich gewesen.

Baronin Hartmann erblickte sich in dem Salon einer Gesandtschaft unter äußerst gesitteten Menschen, denen sie seit langen Jahren bekannt war. Ein Herr überließ ihr ehrfurchtsvoll den Platz neben der Gesandtin. Von hier zurück in die alten Zeiten war ein weiter, peinlicher Weg, sie vermied ihn und hatte ihn so gut wie verloren. Sie fand aus ihrer Vergangenheit auch jetzt nichts wieder als höchstens vereinzelte, zufällig beleuchtete Bilder, und eine Vorrichtung der Seele blendete sie sogleich wieder ab. Ein Verhandlungszimmer erschien, noch gestern sie selbst darin und mit ihr Gesichter darin, denen das ihre an geschäftlicher Kälte gleichen wollte. Da glitt aber das Verhandlungszimmer von gestern über in ein längst vergangenes Sterbezimmer. Jemand starb darin lieber, als daß er sie verlor – und hatte sie doch nie berühren dürfen trotz Ehevertrag.

Warum? dachte sie jetzt. Hatte das Leben an Liebe denn zu viel geboten? Sie erinnerte sich, es sei im Gegenteil bestimmt gewesen von dem Zwang, sich aller zu erwehren, unnachgiebig durchzudringen. Der eine hatte sie geliebt, Hartmann, obwohl er ihr nur für Geld seinen Namen geben sollte. Aber Liebe hielt damals nur noch auf, sie hatte davon nichts wissen wollen. Zum Ausgleich saß sie hier machtlos vor ihrem eigenen Kind, das seine Mutter nicht kannte! Sie hatte Geld, das Ziel aller ihrer Kämpfe. Sie konnte auch ihm Geld geben, darum erkannte er noch nicht seine Mutter. So war es gerecht. Ein Wort formte sich gegen ihren Widerstand. „Ich habe schuld. Ich büße meine Schuld. Es ist Schuld."

Ihr Stolz sagte nein, er wollte schroff wegtreten und nichts mehr hören. Das Leben war rauh für alle, wer hatte denn auch nur das Glück, im Haus des Generals von Lambart aufzuwachsen. Worauf die Antwort kam: „Dafür kann ich nicht, ich habe ihn dem Zufall ausgeliefert. Ich bin nicht genug bestraft, denn er lebt noch. Meine Strafe ist, daß ich ihm nicht mehr abnehmen kann, was schon geschehen ist. Daß er schon enttäuscht ist. Schon haßt ... Ist es zu spät? Komme ich für seine Errettung schon zu spät – ich, die ich mich kaltherzig neben die Gesandtin setzte, indes mein Kind in Gefahr war? Und alle Gefahren waren mir aus eigenem Erleben bekannt!"

Da wollten aber Bilder hervordringen aus der Tiefe, wo sie bleiben mußten. Was nie mehr Lebenszeichen gab, war doch noch übrig. Weit hinter ihrem gesellschaftsfähigen Bestand, hinter ihrer Heirat, ihrem geglückten Erwerb, winkte aus der Vergangenheit ein ganz anderes Leben: auch das warst du. Dort gab es nicht Bestand noch Würde, dort fehlte die kalte Klarheit, es ging kopfüber zu, so schien ihr. Sic begriff nicht mehr die Gestalt, die dort hauste, noch die Schicksale, die herfielen wie toll über die Gestalt. Sie selbst in ihrem bekannten Dasein hatte ihr Schicksal gezähmt.

Die Gestalt zuckte durch vergessene Schreckensräume, durch einen Gerichtssaal. Dort fand sie den, den allein sie geliebt hatte und den sie nun verurteilen ließ. Auch sein Mitschuldiger, der ihn ihr verraten hatte, zeigte nach Unendlichkeiten wieder ein Gesicht ... Spielsäle, blaue Meere, die ganze ungedämpfte Belichtung des einstigen Lebenskampfes wollte beschworen sein, nur weil jene untergegangene Gestalt darin ihre Gesten machte. Die wurden wilder, je weiter entlegen, wurden sie um so greller in ihrem Dunkel. Abgeblendet, nichts mehr! Wir wünschen die fremde Person nicht zu empfangen, unser Verkehr ist gewählt. Nur einen letzten Griff tat noch die Erscheinung der Fremden, er war nicht abzustellen. Sie legte ein Kind auf einen Brunnenrand.

Baronin Hartmann streckte heftig die Hand aus – nach dem Kind, sie wollte es zurücknehmen. Ein Glas fiel um, der junge Herr ihr gegenüber deckte das Tuch über den verschütteten Wein. Dies rief ihn aus seinen Gedanken ab. Auch Baronin Hartmann war zurück aus den ihren; beherrscht, ja mit dem gütigen Lächeln der Hausfrau stand sie vom Tisch auf.

Valentin sagte: „Ich fürchte sehr, zu schmeicheln. Ich mußte nämlich oft schmeicheln. Aber Steine auf Ihren Händen, Felicie, ich kenne nichts, was so gut aussieht."

„Danke. Aber Sie irren. Ich liebe Steine nicht nur als Vorwand für meine Hände. Sie sind meine Leidenschaft."

Sie kamen zu einem niedrigen Tischchen, es war ein Kristallkästchen mit zart geschweiften Füßen aus Rosenholz. Im Glas luden zwei oder drei kleine Gegenstände ein, auf sie einen Blick zu werfen, wenn man sich hier setzte. Das Tischchen stand inmitten anderer Möbel unter dem Bildnis der Hausfrau, gleich an der Wand.

Sie setzten sich hier. Das Kristallkästchen und seine kleinen Gegenstände klirrten leicht, da sah man einen neuen erscheinen. Es war eine kleine Truhe aus mattem Metall, sie glitt hervor aus dem Behälter, der in der Wand sich öffnete, glitt in das Kristallkästchen und stand da wie in Erwartung. Der Gast sah die Dame an, aber sie hatte starr versonnene Augen, die nichts fortbewegte von der kleinen Truhe. Sie tastete an einem der Füße des Glaskästchens, schon sprang mit hörbarem Schlag die Truhe auf, ein rotes Feuer sprühte.

Es brach sich in den Kristallwänden, das Feuer des Steines strahlte wie aus Bergestiefen. Es sandte seinen sichtbaren Schein auf die Gesichter, die ihm nahe kamen. Sahen sie aber um, schien auch noch das Zimmer erfüllt – vom Wunder unzugänglicher Gebiete. Valentin erinnerte sich des arabischen Reisenden, der eine vollkommen steile, glatte Felswand hinunter blickt, und drunten liegen frei wie Kies die Zauber wirkenden Steine. Baronin Hartmann sagte: „Es ist der größte Rubin, dem ich begegnet bin“ – und als begegnete sie ihm erst jetzt, hielt sie große, stumme Tieraugen starr auf ihn gerichtet.

„Ich sah ihn bei der Herzogin von Leutenberg, es stand sogleich fest, daß ich ihn haben mußte. Es war in Nizza, sie hatte sich halb ruiniert, ich kaufte ihre Villa mit der ganzen Einrichtung, dieser Salon kommt von dort. Aber ich versprach ihr, alles umsonst zurückzugeben, wenn sie mir den Stein verkaufte.“

„Sie tragen ihn auf dem Bild!“

„Alles ist schon lange her. Die Herzogin wollte nicht, der Rubin galt bei ihr als Talisman. Als sie gestorben war, hat mein alter Geschäftsfreund den jungen Herzog so lange im Auge behalten, bis die Gelegenheit erschien. Endlich hatte ich den Stein. Wie gut, daß ich katholisch war! Er durfte nur in katholische Hände gelangen.“

War dies zu glauben? Hände – was für Hände? Valentin besah sie ungewiß. Sie zeigten alles andere eher als Gefühl, ob katholisches oder profanes. Sie wirkten so wohlgeformt, grade weil sie ein Wesen ausdrückten, das bewußt, kühl, sicher auch stark in Geschäften war. Täuschte er sich? Er hatte doch gelernt, seines Vorteils wegen darauf zu achten, was das Aussehen der Leute bedeutet.

„Der Herzog hat seither alles getan, um seinen Talisman zurückzubekommen. Er würde ihn sogar stehlen lassen, ich muß ihn gut behüten.“ Sie sah auf und lächelte. „Er bekommt ihn nicht. Wer ihn bekäme, müßte mich schon ganz in der Hand haben.“ Ihr langsamer Blick traf seine Augen und ließ sie nicht mehr.

Dies verwirrte ihn, er mußte nachhelfen, um sein offenes Gesicht zu behalten. Wäre es Schwüle gewesen, was sie jetzt wieder verriet! Nein, ihre Verirrung war seltener, peinlicher. Eine Frau, die, gelinde gesagt, die Welt kannte – aber in ihrem Kopf stieß die gesunde Vernunft auf ein gewisses Hindernis. Niemand hätte es beseitigen können.

Sie stand auf, um den Tee zu bestellen. Im Vorbeigehen strich sie durch sein Haar, ihre Finger kämmten es, dabei tasteten sie unter dem dichten

Haar die Kopfhaut ab. Er hielt still. Er wußte schon, was sie suchte: ein Mal. Sogar die Form hatten ihre tastenden Finger ihm schon verraten. Sie sprach nichts aus, sie sprach nie etwas aus. Er sollte selbst wissen. Er sollte verstehen. So mußte er in seiner unwiderstehlichen Beschämung sich denn nichtsahnend stellen. Er hielt still und fühlte nur die falsche Lage.

Herr Tietge setzte den Tee auf die Kristallplatte, der Rubin mitsamt seiner Truhe war daraus verschwunden. Sie tranken schweigend, dann ging Valentin, er zitterte nun schon von verlegenen Qualen.

Er wollte ohne Aufenthalt zur Treppe, von der anderen Seite des Vorraumes kam aber doch noch die Zofe Kläre. Sie hielt einen auffallenden grauen Zylinderhut, den sie bürstete. Dies nötigte Valentin, den älteren Herrn zu bemerken, der dort hinten vor dem Spiegel verweilte. Er wandte einen durchgezogenen Scheitel her. Seine Bewegungen waren alt, die Perücke aber schwarz. Auch überragten die ausgezogenen Spitzen eines dunklen Schnurrbartes seine großflächigen Wangen. Valentin kannte diese untersetzte Gestalt, er verschwand schnell. Baronin Hartmann hatte einen merkwürdigen Geschäftsfreund.

Bankier Kappus hatte die Pension des Generals Vogel von Lambart auf lange Jahre hinaus beliehen, er hatte solche Geschäfte von seinem früheren Beruf her noch beibehalten. „Man soll nicht hochmütig werden", sagte er dabei zu Valentin, der vermittelte. „Ich stocke jetzt auf, wie die Deutsche Bank, aus mir ist bei diesen Zeiten ein richtiges Bankhaus geworden. Aber wenn ein Herr General zu mir kommt, der schon als Leutnant kam, muß es mich nicht rühren? Früher gab er mir einen wenig schmeichelhaften Namen, man nannte das so. Bin ich jetzt nicht glänzend gerechtfertigt? Ich nahm zwanzig Prozent. Heute nehmen alle hundert."

Der hatte ihr den Rubin verschafft. Valentin sah ihn. Er ging in Richtung Berliner Straße und hatte Kappus vor Augen, wie er in Hotels, Spielsälen und sogar auf Überseedampfern hinter dem Herzog von Leutenberg her war. Er scheute keinen Zeitverlust, wie ergeben war er der Baronin Hartmann! Wahrscheinlich fand er sich mit ihr in der Leidenschaft für Edelsteine. Solchen Menschen war der Rubin kein Familientalisman, dafür aber kamen sie ihm persönlich näher an Härte, Lebensglut und Dauer. Er bemühte sich, Kappus fallenzulassen, ihn von Felicie zu trennen. Dennoch blieb sie die fremde, halb abenteuerliche Erscheinung, nerverschlagen aus nicht ganz unverdächtigen Erlebnissen an häufig wechselnden Schauplätzen. Wer war sie im Grunde? Ob die diplomatischen Kreise, in denen sie verkehren sollte, sie im Grunde kannten? Andere Auskünfte waren nicht zu haben – am wenigsten von ihr selbst, die nicht sprach. Er horchte auf: ihm fiel ein, daß sie fast stumm war. Er begriff nicht, wie sie es machte, ihn zum Sprechen zu bringen, so wenig sprach sie selbst.

Hier erinnerte er sich, daß er gern zu ihr sprach, gern sich ihr eröffnete und gegen ihre breite, glatte Stirn, in ihre stummen, großen Augen sprach, indes sie aufgestützt saß und unter ihrem Kinn die Hände mit den Steinen hingen. Die Hände hatten sich selbst, wer weiß, woher, herauf- und durchgeschlagen. Die Frau war stark, sie lehrte ihn Vertrauen, ihn, den seine kleine Prinzessin nur Mitleid lehrte. Mit fünfundzwanzig Jahren war er dank den Taten der Welt schon voll Furcht und Abneigung. Er begnügte sich schon dort, wo er ungestraft gut sein durfte. Nun trat die starke Person auf, die ihn in ihren Schutz nahm, als wäre es nichts. Die verlangte, ohne Wort nachdrücklich verlangte, daß er wieder Mut faßte und alles einfach glaubte – dem Leben, vor allem aber ihr.

Was er ihr glauben sollte –

Er ging und atmete tief den abendlichen Duft des Gartens. Widerstände wollten nachlassen in ihm, er atmete. Was er ihr glauben sollte, hatte am Ende doch wohl Sinn? Wenn nicht Wahrheit, doch Sinn? Und wo war Wahrheit! Berliner Straße – wo keiner dem andern je seine wirkliche Lage eingestand? Der gute Ton in äußerster Folgerung hebt jede Gewißheit auf. Valentin von Lambart fragte sich heute abend: „Wenn meine Eltern nicht meine Eltern wären, könnten sie anders mit mir sein? Korrekter? Gehaltener? Und würden sie es mir ins Gesicht sagen? Sie waren zu taktvoll“, entschied er. „Sie würden es mich langsam erraten lassen. Vielleicht bin ich auf dem Wege?“

Baronin Hartmann war eine Frau von weniger guter Erziehung, sie hatte eine ganz wilde Geschichte, kaum verkleidet, glatt herausgesagt. Sie nahm rundweg ihren verlorenen Sohn an sich, beschenkte und liebte ihn. Das Erstaunlichste aber: auch er! Auch er fühlte diese Hinneigung, dies Vertrauen, das keine Fremdheit litt. Wie, ein preußischer Generalssohn hätte sich auch nur einen Augenblick verwandt gefühlt einer Abenteurerin?

In Wirklichkeit hätte er sie höchstens zu seiner Geliebten gemacht! So lag es aber: Valentin fühlte diese schöne, diese am Punkt der Reife gerade erst angelangte, schöne Frau nie als Frau. Als was dann? ... Hier ließ er sich auf eine Bank nieder.

Er saß lange, den Kopf in den Händen, wie ein Obdachloser. Zeitweilig hielt er es für ausgeschlossen, noch zurückzukehren nach der Berliner Straße. Wie, wenn er einfach zu seiner echten Mutter ginge?

Freilich, kaum angelangt im Hause des Generals, sagte ihm noch vor den Bewohnern das Haus, daß im Leben das Abenteuer nicht alles sei. Abenteuer blieben immer unglaubwürdig – selbst wenn das seit nunmehr zehn Jahren von den Familien Erlebte sich nicht durchaus wie bürgerliche Geschichte lesen sollte. Die Generalin erschien, da sah er allerdings, daß Felicie von Hartmann reine Romantik vertrat.

Er ging mehrere Tage nicht zu ihr, inzwischen entstanden doch wieder Zweifel. Er erinnerte sich, daß einst von seinem Dasein für die Generalin eine Erbschaft abgehangen hatte. Auf seine Frage zeigte sie Erstaunen. Gewiß – aber da das Geld natürlich mit allem übrigen entwertet war.

Die Antwort traf ihn wie ein Schlag. Er entdeckte, daß er sich vielleicht von hier fortzuschleichen suchte, um dort unterzukommen, wo das Geld noch nicht entwertet war! Hier sagte der junge Valentin: Aus. Kein Für und Wider mehr! Nur noch anständig. Das gewisse Hindernis ausnützen im Kopf der armen Frau? Ausnützen grade dies? Nie ... Worauf ihm erst einfiel, daß er eigentlich hiervon schon seit Monaten lebte. So lange hatte er keine Bedenken gehabt. Auf einmal überfielen sie ihn. Was war geschehn? Stand sie ihm nicht also dennoch näher, als er gewußt hatte?

Er wies aber jede Versuchung ab, mied die Tiergartenstraße und beschloß, zurückzuzahlen, was er schuldete. Es war schon so viel, daß er in seinen jetzigen Verhältnissen den Rest seines Lebens gebraucht haben würde, um alles abzutragen. Das steifte ihm nur den Nacken.

Sie sah ihn nicht kommen. Sie schrieb ihm und blieb ohne Antwort. Sie spürte ihm nach, aber er wußte ihr auszuweichen. Sie hatte die wichtigsten Geschäfte ihrer ganzen Laufbahn durch Kappus gemacht. Auch in dieser Sache ging sie endlich doch zu ihm.

Sein Bankhaus erweckte Vertrauen durch polierte Täfelungen, gute Teppiche und eine maßvolle Abwicklung des Verkehrs selbst bei der einstigen Hochkonjunktur. So schien er nicht nachgelassen zu haben. Kappus hatte nicht mehr den bekannten Schriftsteller als Privatsekretär, die Zeiten waren wieder anders. Aber es war immer noch ein adeliger Name. Aus seinem Büro mit dem alten französischen Meistergemälde hatte er das eingerahmte Assignat entfernt, es bot keine passende Anspielung mehr.

Einleitend sagte sie: „Wie Sie es nur machen, Kappus, daß Sie jünger werden statt älter."

„Weil die Zeit mir endlich nachgerückt ist, Frau Baronin. Ich fühle mich mit ihr in Harmonie." Er setzte einen Finger auf den Scheitel seiner schwarzen Perücke. Früher war er fast schon kahl gewesen, war bartlos und erweckte gern als Gegengesicht zu dem, was er trieb, den Eindruck eines Geistlichen. Heute bekannte er sich zu seiner Natur. Er zeigte ihr das Bild seines Vaters. „Was sagen Sie? Ist es dasselbe Haar? Der ausgezogene Schnurrbart? So ging der alte Mann in der guten liberalen Zeit in Wien umher. Sie und ich, Frau Baronin, wir beide sind alter Reichtum."

Sie sagte: „Kappus, wie bringt man Spielschulden herein?" Sie sagte es nur, um anzufangen, nur um den Namen zu nennen, den sie angstvoll mit sich trug. Spielschulden waren es längst nicht mehr, und sie dachte an keine Schulden. Übrigens wußte Kappus, daß sie weder spielte, noch Spielern Geld lieh. Er stutzte, fand aber den Ausweg in alte, vielgeliebte

Erinnerungen. Er sagte, daß er einmal einem schlechten Kunden, dem er bis nach Monte Carlo nachgereist war, sogar noch Geld zum Spielen gegeben habe. Er habe es, der einzige Fall im Leben, nicht zurückverlangt – seine Bedingung war nur, einer gewissen Dame vorgestellt zu werden … Mit Blick aus feuchten, treuen Augen.

„Daß Sie mich grade heute besuchen!" Denn er hatte seine geheimen Gedenktage. Als er ihr damals vorgestellt worden war! Er glaubte mit Schüchternheit, mit verzweifelter Dreistigkeit den schlechtesten Eindruck gemacht zu haben. Er war gewiß, er werde sie nie wiedersehen. Diese einzige Begegnung hielt er für das Stück Poesie, das ihm auf Erden vergönnt war. Jetzt nach Haus zu Frau und Kindern. Ihr hatte er beileibe nicht gesagt, wer er war.

Kurz darauf aber trat sie in sein Berliner Geschäftszimmer. Sie wußte, wer er war. Sie verachtete ihn nicht. Übrigens fand er hier in seinem Geschäftszimmer weit weniger Grund zur Verachtung seiner Tätigkeit als in ihrer glänzenden Villa in Nizza. Aber er tat bedingungslos, was sie wollte, er verschaffte ihr den Rubin des Herzogs von Leutenberg. Immer blieb er ihr ergebener Agent, sie brauchte nur zu winken. Es war sein Dank dafür, daß eines Tages ein Menschengesicht sein ganzes Herz ergriffen hatte.

Jetzt saß seine alte Freundin ihm wieder gegenüber, aber zum erstenmal verstand er sie nicht. Sie fragte in aller Ruhe:

„Kennen Sie einen General von Lambart? Veit Vogel von Lambart?"

„Wieso nicht?" erklärte Kappus. „Er hat mir seine Pension verpfändet. Der ist es?" Mit schnellem Blick unter dem Gestrüpp seiner Brauen hervor.

„Ja", sagte sie – worauf er den Sohn unerwähnt ließ. Er ging zu einer sachlichen Darstellung über, wie man die Leute zwingen könne, sogar Spielschulden zu bezahlen. Man paßte ab, ob die in Verlegenheit geratene Familie etwas verkaufte, zum Beispiel ein Schmuckstück. Dann erstand man es für echt, auch wenn es offensichtlich nur noch Nachahmung war. Kappus wußte zu gut, daß dies glückte. „Sie nehmen das Geld. Liebe Freundin, das Elend ist heute so, daß eine Frau Generalin sich falschen

Schmuck für echten abkaufen läßt. Es sind empörende Zustände" – ja, er ächzte vor Empörung. „Dann haben Sie die Leute in der Hand", schloß er.

Sie hatte nur zugehört. Plötzlich sagte sie: „Können Sie das verantworten, Kappus?"

Hierauf sah er sie lange ratlos an. „Was heißt verantworten? Wir kennen uns doch. Wir haben doch immer nur Sachen gemacht, die andere schon längst gemacht hatten. Sollen die anderen sie verantworten! Ich kann nicht für den Zustand."

Nun erhob sie sich sogar. Er fühlte in steigender Unruhe, sie seien immer weniger einig. Er wollte sich rechtfertigen. „Sie können über mich nicht klagen, Frau Baronin. Ihr Konto bei mir hat von der ganzen Inflation nichts gemerkt. Ich habe alten Männern den Ertrag ihres ganzen, arbeitsreichen Lebens glatt entwerten lassen, bin ich ihr Goldonkel? Sie aber sind wertbeständig geblieben durch dick und dünn ... Daß Sie geschäftlich seriös sind, steht bei mir doch fest, Frau Baronin", sagte er beim Abschied, als Trost für sie beide. Im stillen schob er die neuen Sonderbarkeiten seiner alten Freundin auf eine verliebte Laune. „Wo in Geldgeschäften einerseits ein junger, kecker Herr drin ist", dachte Kappus, „und auf der anderen Seite die Frau in ein gewisses Alter kommt –"

Sie war nur froh, daß sie ihm Valentin hatte verschweigen können, so furchtbar allein sie jetzt wieder dastand. Sie stand vor der Bank und wußte in allem Gewühl des Gendarmenmarktes nicht mehr, wohin. Nach Haus? Sie zweifelte an ihrem Haus, wie Valentin nachts im Tiergarten, den Kopf in der Hand, an seinem Hause gezweifelt hatte.

Als sie aber heimkam, saß er dort.

Er hatte die Versuchung abgewiesen, solange er mit ihr allein war. Bis zu der Unterredung mit seinen Eltern war alles noch im ungewissen geblieben. Zweifel an der Echtheit seines ganzen bisherigen Lebensbestandes klangen auch wirklich zu falsch, solange man nur sich selbst im Spiegel vor sich hatte – auf der Suche nach Ähnlichkeiten. Dies war freilich die Nase der Generalin nicht, ihre Biegung hatte Weichheit, eine hier nicht heimische Sorglosigkeit. Die breiteren Lippen lieferten fast schon den Beweis … Er verzweifelte an den Augen. Dunkelgrau zum blonden Haar, sie wirkten hübsch, waren aber alles andere eher als groß und stumm. Baronin Hartmann war eine Fremde. Die belebende Neugier, in die sie ihn versetzt hatte, ließ nach. Sie selbst verblaßte.

Da stellten an jenem Abend die Eltern ihn über sie zur Rede. Ihr Auto hatte zu lange vor dem Hause gestanden, sie hatte sich sogar gezeigt! Er hätte die Aussprache nie erwartet, man ging hier über so vieles taktvoll hinweg. Verhalten hatte er sich in der Szene doch wohl diskret ablehnend? Er glaubte weder ihr noch sich selbst zu nahegetreten zu sein – was immer erste Pflicht blieb. Gleich darauf stellte sich dennoch heraus, daß sie im Gegenteil ganz nahe, jetzt wieder lebendig und nahe war. Es hatte genügt, von ihr zu sprechen, von seiner Stimme und der der anderen ihren Namen zu hören. Er begriff, daß Erwägungen nicht mehr stichhielten und daß er wieder hingehen werde. Er werde zu ihr gehn und erleben, was sie wollte.

Sie erblickte ihn, erschrak, schloß die Tür. Auch die Tür nach dem Eßzimmer schob sie zu in ganzer Breite. Er ließ sie es allein tun, er stand befangen. Erst die letzten zwei Schritte ging er ihr entgegen, er beugte sich über ihre Hand mit dem jähen Zusammensinken, das Reue bedeutet. Sie blieb so lange stumm, daß er schwankte wegen eines neuen Zeichens seiner Ergebenheit. Da sagte sie: „Ich konnte Sie doch nicht wieder, wie damals, in Spielklubs suchen gehn."

Er erschrak. Gestand sie nicht ein, sie sei die Werbende? Mit großartiger Einfachheit gab sie zu, daß nicht der Zufall ihn ihr zugeführt habe. Sie dachte an ihn längst, sie war sogar unbekannt schon immer um ihn. Einen Augenblick sah er sich selbst als Heranwachsenden und sie an seinem Bett, wie eine Mutter, bevor man einschläft. „Woher weiß ich das? Mir tat es doch niemand."

Als erriete sie alles, hätte alles mitgefühlt, sagte sie: „Ich bin nur zuviel gereist, mich hielt zu vieles ab. Ich hätte mich Ihrer viel früher erinnern sollen." Hier sah sie an ihm vorbei und vergaß, die Lippen zu schließen.

Warum, ja warum hatte sie des Kindes sich dann plötzlich erinnert? Das halbe Leben nichts – plötzlich aber stand alles vor ihr. Sie ging inmitten der Gesichte von einst, das Haus hatte noch keine Nachbarn, das Kind lag klein da, und ach! der Brunnenstrahl fiel gleich hinter seinem Kopf vorbei ... Sie richtete ihre Augen groß auf ihn und fragte nach seiner Kindheit. Ob sie gut war? Ob er glücklich war als Kind?

„Und wie!" sagte er, sie konnte aufatmen. Sie setzte sich.

„Erzählen Sie mir davon!"

„Gern. Es war im Sommer. Oder ich sehe mich nur im Sommer auf Klein-Wendrin, unserem Gut. Es war Sonntag. Nein, ich sehe mich nur anstatt in Leinen am Sonntag in Seide."

Sie beugte sich vor. „Wirklich?" fragte sie gespannt. „So wäre es bei mir nicht gewesen", sagte sie – vielleicht enttäuscht, vielleicht erfreut. Grade hier ward aber die Schiebetür wieder geöffnet, sie sollten zu Abend essen.

Sie sprachen anderes während der Mahlzeit. Nachher aber, als sie still saßen, begann er von selbst wieder beim gleichen Wort: Sonntag, es sei Sonntag gewesen. Kinder von Gutsnachbarn waren gekommen mit ihrem Lehrer, sie hatten Turnspiele getrieben. Er hatte sich einer schwierigen Übung gerühmt, er war damals ein Prahlhans. Die Übung war ihm mißglückt, und alle lachten ihn aus. Auch liebte er unglücklich. Er war vierzehn, das kleine Mädchen erst zwölf, aber von früh an verlobt mit ihrem Vetter, den er nicht kannte. Er wußte noch deutlich, wie dies furchtbar gewesen war, die Eröffnung einer anderen Welt, zu der du nicht hinreichst, die mit sich nicht reden läßt. Er hatte eine Nacht in vollem Entsetzen gelegen – und tags darauf das geliebte Mädchen aus Stolz in einen Dornenbusch gestoßen.

„Aber ich erzähle lauter Unglück? Ich wußte gar nicht, daß so viel Unglück dabei war. Es sieht sich doch heiter an vom späteren Leben aus. Das Beste war wohl die Freundschaft gewesen – der man damals noch mit ganzem Vertrauen sich hingab", sagte der Fünfundzwanzigjährige.

Sein Freund kam aus der Stadt zu ihm – weither zu Fuß, wenn er das Geld zur Fahrt nicht hatte. Denn er war arm. Er brachte sich durch die Schulzeit mit eigenem Broterwerb, bevor er dann sogar Geschwister unterhielt. Was aus ihm geworden sei, fragte sie. Ein Kommunist. Er hatte zu früh und über seine Kraft arbeiten müssen, sagte Valentin zu seiner Entschuldigung. Er sollte jetzt einer der Gefährlichsten sein. Sie verkehrten nicht mehr.

Damals war Wernawe der Vernünftigere von ihnen beiden. „Ich war für Nachtwachen und für Schwärmen, unser richtiges Leben fing erst an, wenn in Klein-Wendrin alles schlief. Ich ließ ihn den letzten Zug versäumen, dann blieben wir auf der Welt allein, und die Zeit war gekommen, zu sprechen, was sonst niemand sprach. Das hohe Getreide hörte unsere Meinung vom Leben, der schwarze Teich am Waldrand nahm Verse auf, die wir hineinsprachen, und bewahrte sie als Spiegelbild wie die Sterne. Bei grauendem Morgen gingen wir, die Arme unseren Gedanken nachwerfend, nebeneinander zur Stadt, und obwohl im Grunde todmüde, fuhr ich gleich wieder heim."

Er überlegte, ob auch dies noch auszusprechen sei.

„Ja", sagte er, „eine jener Heimfahrten war das Merkwürdigste von allem. Ich hatte ihn, wie gewöhnlich, angefleht, doch alles im Stich zu lassen und wieder mit mir zurückzukommen. Diesmal hatte er nachgegeben. Er stieg zu mir ein. Da befiel mich eine solche Freude, daß ich erschrak über mich. So darfst du nicht lieben, dachte ich. Es ist sträflich. Du wirst ihn verlieren. Damit stellte ich mich abgewendet an das entgegengesetzte Fenster, horchte aber eifersüchtig, was er täte. Ich hörte nichts. Als ich endlich hinsah, war er fort. Ich traf ihn dann noch oft, aber eigentlich verloren habe ich ihn doch schon damals ... Eigentlich verloren", wiederholte er.

Sie sagte in sein nachhallendes Gedenken hinein: „Ich kannte als Kind einen jungen Pfarrer."

Sie sprach leise, sein Gedenken störte es nicht.

„Die Täler dort unten waren deutsch oder welsch. Ein Soldat hatte von jenseits des großen Gletschers, der sie trennte, ein Mädchen geholt. Dann ging er seine Dienstzeit beenden und kam nie wieder. Die Fremde war allein in der Hütte, als sie mich gebar. Sie war allein im ganzen Dorf, denn vor dem heranschwellenden Märzwasser waren alle geflüchtet. Wir hatten Glück, der Bach hielt an vor unserer Tür. Die Heilige, deren Tag war, hieß Felicitas. Ich heiße nach ihr und nach meiner Mutter Felicitas Marie.

Wir hatten die Zuflucht, zum Leben aber nur den Dienst bei anderen. Ich trug als Kind hin und her über die steile Stufengasse den Krug mit Wasser auf meinem Kopf in die Häuser. Dafür lehrten sie mich, daß meine Mutter eine schlechte Frau sei. Ich durfte arbeiten für die Bauern, bis ich ins Stroh sank. Als eines Tages der Gendarm meine Mutter zurückbrachte, erwartete ich, mit ihr fortgejagt zu werden bis in das Schneefeld. Uns rettete der junge Pfarrer.

Er glich dabei einem Engel, ich glaubte jetzt in ihm den Engel zu erkennen. Fortan war ich sein Geschöpf, das an ihn glaubte. Ich hütete die Ziegen und fuhr, um ihm die Hand zu küssen, plötzlich aus dem Busch. Ich glaube, daß er erschrak. Ich aber hatte grenzenloses Vertrauen. Je strenger er vom Laster sprach, um so größer ward, was er dennoch an uns getan hatte. Ich lag vor ihm auf den Knien. Wie ward mir erst, als ich erfuhr, daß er mich auch sah, wenn ich allein war.

Er hatte sein Haus halb im Felsen, so waren bei uns viele. Zu dem seinen ging es hinter der Kirche durch den dunklen Berg. Ich wagte mich in den Gang erst mit fünfzehn Jahren. Mir schlugen die Zähne zusammen vor allem Zauber, den ich sah. Lange brauchte ich, bevor ich in zwei grünen Lichtern den Kater des jungen Pfarrers erkannte. Um vorbeizukommen, beschwor ich ihn: Gog, weiche! – und in der Angst riß ich die Tür zu seinem Haus auf. Ich sah nur Glanz, nicht ihn. Ich war geblendet von der unvermittelten Helligkeit, so schien er mir unsichtbar. Gleichwohl fand ich den Mut, zu erfinden, weshalb ich gekommen sei. Ich müsse beichten – einen Diebstahl, ich erfand ihn. Er aber: ›Glaubst du denn, Gott lasse sich täuschen?‹ Er wußte das Verborgene!

So viel Macht darf niemand bekommen, er kann sie nicht halten. Ich weiß noch, daß ich entrückt war. Ich hatte das Gesicht gesenkt, er strich mir die Haare aus dem Gesicht, davon fiel der Kopf mir in den Nacken und lag, die Augen geschlossen, für ihn da. Ich war aber entrückt und glaubte weder ihn noch die Welt je wiederzusehn. Als ich aufsah, war er wirklich fort."

„Wie mein Freund?" sagte Valentin.

„Ich kam aber noch einmal, da war sein Zimmer fast dunkel. Unter dem Gekreuzigten lag über dem Stuhl ein schwarzes Gewand, das faltig, arm und leer aussah. Ich schlich hin, ich küßte es. Seine Stimme fragte: ›Bist du es, Gog?‹ Er war es, nicht nur sein Kleid – und ich miaute, damit er mich weiter für Gog halte. Leise miauend, entkam ich. Ich hatte ihn dennoch getäuscht.

So war das Ende. Ich hielt es für mein eigenes, ich wollte sterben. Der Todeskampf, bevor ich ihm alles gestand! Er aber hielt, was mir geschehen war, für eine ihm widerfahrene Gnade. Er hatte bewahrt bleiben sollen vor einer großen Versuchung. Dunkel begriff ich, wer seine Versuchung gewesen war und daß auch er nicht nur zu täuschen war, nein, Täuschung brauchte ... So fing das Leben an", sagte sie, sagte es in Pausen noch zweimal abklingend – und sah auf, erstaunt, was alles nun gesprochen sei.

Da bemerkte sie, daß auch seine Augen in die Tiefen spähten, aus denen sie zurückkam. Sah er die eigenen Anfänge? Nicht auch ihre? Beide wunderbar verwebt? Sie stand auf. Sie strich ihm über die Augen.

Drittes Kapitel

Als Valentin endlich nach Hause kam, hätten alle schon schlafen müssen. Dennoch sah er durch die geschlossenen Fensterläden noch Licht im Musikzimmer. Er gab sich daher keine Mühe, die Tür der Wohnung geräuschlos zu öffnen. Er betrat den Salon, plötzlich war nirgends mehr Licht. Aber ein Gegenstand fiel hin.

Valentin ging schnell in das Musikzimmer. Die Glastür stand offen, sie klirrte leise, als wäre sie gerade erst geöffnet worden. Er streckte die Hand aus, um Licht zu machen, ließ es aber. Beide Hände vor sich, schritt er den Raum ab. Es war völlig dunkel, dafür kannte er jeden Schritt. Das Spiel mit dem Einbrecher ward spannender im Dunkeln.

Jetzt stieß jemand an ein Möbel, nur war es hinter ihm. Er ging falsch, der Mensch war im Salon. In der Glastür, die noch geklirrt hatte, mußte er sich an Valentin vorbeigedrückt haben. Valentin entfernte sich trotzdem weiter, verließ das Musikzimmer – aber im Korridor war er mit zwei Sätzen zurück an der Salontür. Kaum drinnen, fühlte er einen Schatten schon wieder in das andere Zimmer verschwinden. Schritte hörte er nicht, aber es wehte ihn, nun er nachlief, noch an von der Flucht.

Was ihn anwehte, war nicht der Geruch eines Einbrechers. Im Grunde wußte Valentin von diesem Augenblick an, was vorging. Er ließ es nur im Zweifel, weil es jetzt noch soviel reizvoller war. Wieder im Korridor angelangt, hätte er einfach die Treppe zu seiner Mansarde hinaufsteigen sollen. Er tat es nicht, er tat es auch das nächste Mal nicht. Er lief im Kreise und durch das Dunkel so lange hinter dem Schatten her, bis der Atem des verfolgten Wesens laut hörbar war. Es blieb stehen, ein schwaches Wimmern war alles. Sogleich mußte sie umsinken. Jetzt hätte Valentin sich gern davongemacht, aber er durfte nicht mehr.

Er entzündete nur die verhängteste der Lampen – was nicht hindern konnte, daß die Arme nackt dastand und zitterte. Sie hatte vor das glühende Gesicht die beiden weißen Hände geschlagen, sie verdeckten es fast ganz; und ihre nackten Knie schlotterten, sie wäre gefallen. Sie wäre rückwärts, denn sie strebte fort von Valentin, gegen den großen Mitteltisch aus Marmor und Bronze gefallen, sie hätte sich verletzt, vielleicht erschlagen. Er mußte wohl zugreifen.

In seiner Umarmung zuckten zuerst noch ihre Schultern. Dann beruhigten auch sie sich. Der Körper hing kraftlos, Valentin hielt ihn aufrecht. Er wagte Küsse, die sie nicht erwiderte. Aber ihr Mund, auf den seine Lippen lange gesenkt blieben, wehrte sich auch nicht. Seine

Hände warben dringlicher, aber dieser Körper antwortete nur mit Schweigen, mit Starrheit. Valentin fühlte Scheu, ihn berührte eine Art Brüderlichkeit, etwas wie Mitwissen – noch bevor er bemerkte, daß sie in Ohnmacht lag.

Darauf trug er sie in ihr Zimmer, zog sie an wie eine Puppe und setzte sie in ihren Stuhl. Er fing an, Figuren aus Papier zu schneiden. Während er zwischen ihr und seiner Figur prüfend hin- und hersah, erwachte sie. Verständnislos blickte sie ihn an.

„Spielen wir?" fragte sie.

Er begriff, daß sie nichts wußte – oder nichts wissen wollte. „Wir waren so schön im Zuge. Sie dachten nur einen Augenblick an etwas anderes, Prinzessin."

Sie schlug in die Hände, sie nahm die letzte der ausgeschnittenen Figuren. „Ich! Ich selbst!" Schnell die anderen! „Das könnten Sie sein, Valentin. Und diese hier, nein, sie soll es nicht sein. Sagen Sie, daß es nicht die Frau mit dem großen blauen Auto ist!"

„Aber da ist auch ihr Auto" – wobei er es fertig hervorzauberte.

„Haben Sie keine Angst, kleine Hoheit!"

„Wenn sie doch mit ihm in das Auto steigt!"

„Ja. Aber sie fahren nicht fort. Sie kommen an. Die Dame bringt der Prinzessin ihren Valentin. Sie sagt: ich bin seine Mutter. So gut wie seine Mutter. Ich will auch deine sein, kleine Hoheit. Ihr sollt glücklich sein. Ihr sollt alles vergessen haben, was peinlich war."

In diesen veilchenblauen Augen gab es wirklich kein Erinnern. Prinzessin Adele nahm die Figur des Valentin von der Seite der Fremden fort und schob sie neben sich. Dann blickte sie gebannt auf das schöne Märchen. Valentin sah: wenn nur im Spiel alles glücklich aufging, der verdächtige Rest, den das Leben ließ, war bald vergessen ... Hier trat der Professor ein.

Er hatte über seinen Schlafanzug nur schnell den Mantel gehängt. Er hatte das verquollene, blasse Gesicht des alten Mannes, der erwacht ist. Aus seinen Augen sah wahres Entsetzen. „Was ist geschehen?“ fragte er heiser.

„Nichts“, sagte Valentin. Er ging mit dem Professor beiseite.

„Was soll dies? Was wissen Sie?“ fragte der Professor.

„Lassen Sie mich nur reden. Ich kam nach Hause und hörte weinen. Sie müssen fest geschlafen haben, daß Sie nichts hörten. Ich wartete hinter der Tür, was es gäbe. Ich sprach auch hindurch, das Weinen ward nur schlimmer. Endlich merkte ich, daß nicht abgeschlossen war, und trat ein.“

„Wie fanden Sie sie?“ fragte der Professor heiser. Sie sahen sich stumm in die Augen.

„Sie sollten noch besser aufpassen, Herr Professor“ – dies mit Ernst. Dann ward Valentin leicht. „Die Prinzessin saß da und war eingeschlafen.“

Aufatmen des alten Erziehers. Valentin aber hatte ihn nicht so sehr belogen. Was er berichtete, war wirklich geschehen an jenem Sonntag, als alle fort waren, die Prinzessin allein war und Valentin sie überraschte. Nur hatte er sie damals nicht zu sehen bekommen. Sie wollte nicht – damals wußte er noch nicht, warum. Die Tür war verschlossen. Das Schlüsselloch war verhängt ... Seit jenem Sonntag nun hielt die Generalin ihn für den Geliebten der Prinzessin. Valentin mußte lächeln.

Der Professor, dies sehn und wieder furchtbar erschrecken. Sein Werk bedroht, sein Kind entweiht. Mehr sein Kind, als wenn er es gezeugt hätte. Mehr sein Werk, als die nichtigen Taten seines Lebens. Dies vergeßliche Geschöpf, das nun Puppen hin- und herschob, nun sich entblößte, Professor Wunder, du hast es zu vertreten vor der ganzen Welt. Du mußt es vertreten und dennoch auch verhüllen. Es ist nicht einwandfrei und darf nicht ganz bekannt sein.

Valentin hörte den Professor flüstern: „Wieviel Sie auch wissen mögen –“ „Ich behalte es für mich“, ergänzte Valentin. Da wagte der Professor zu bitten. „Schonen Sie sie!“ bat er.

Als Antwort zeigte Valentin ihm das Puppenspiel der Prinzessin. Sie ließ nochmals die Dame in dem blauen Auto vorfahren, ließ sie der Figur der Prinzessin die Figur des Valentin mitbringen und ließ sie den beiden sagen, sie sollten glücklich sein. Die Prinzessin selbst jubelte. Ihre langen schmalen Arme fanden die schönsten Bewegungen.

Am nächsten Vormittag kam der Präsident. So früh war die Generalin noch nicht angezogen, sie mußte ihn einige Augenblicke allein im Salon lassen, nebenan aber musizierte die Prinzessin. Jene wußte: „Der General ist ausgegangen, der Professor auch. Die Prinzessin sitzt allein am Flügel. Die Frage ist nur, ob Seehase die Glastür öffnet. Er wird es tun. Er ist nicht gewohnt, sich etwas zu versagen. Sei klug, meine gute Ina! Die Prinzessin sieht ganz so aus, als könnte sie mit der Zeit zum schmerzlichsten Traum im Leben Seehases werden. Es wäre Sünde, dir das nicht zunutz zu machen, Inakind. Die Welt will es nicht anders.“

Sie ging. Stand da nicht tatsächlich der Präsident beim Flügel und was tat er? Er sang. Der Präsident sang.

Er war kurz gefaßt eingetreten und hatte gesprochen: „Prinzessin, wollen Hoheit die Meine werden, so übernehme ich jede Garantie, ich mache Sie zur größten Sängerin der Welt.“

„Können Sie denn singen?“ fragte die Prinzessin. Es war eine ihrer unzusammenhängenden Fragen, aber den Präsidenten verblüffte sie. Er wußte im Augenblick selbst nicht mehr, ob Vorbedingung seiner Versprechungen nicht war, daß er singen konnte. Die Prinzessin schlug schon den Ton an, da stimmte er ein.

„Aber Herr Präsident!“ sagte die Generalin mit stark glänzenden Augen. „So früh singen Sie schon ›Fuchs, du hast die Gans gestohlen‹? Ein Beherrscher der Wirtschaft, wie Sie!“

Sie zog ihn ein wenig abseits. „Erfüllen Sie nicht jede Prinzessinnenlaune, mein Lieber. Das könnte Sie doch zu weit führen.“ Da ward er, um seinen Fehler auszugleichen, brutal.

„Wieviel verlangen Sie? Jawohl, wieviel Sie Abstand verlangen, wenn Ihr Sohn zurücktritt. Ich übernehme die Prinzessin.“

Die Generalin lächelte bedauernd, sie blieb gesellschaftlich, Geld brauche sie grade nicht. Er sagte: seit neulich. Das habe er bemerkt – schon an dem Diener, der ihm die Tür öffnete. Plötzlich habe sie Mittel. Auf einmal bezahle sie die ganze rückständige Miete. „Und Sie glaubten doch das Haus mit allen seinen Bewohnern so sicher in Ihrer Hand“, schloß die Generalin.

„Woher können Sie Geld haben?“ fragte er, die Stirn in dicken schrägen Falten – und plötzlich öffneten sich die stahlblauen Augen. Sie trafen die Generalin wie ein Schuß, aber sie zuckte nicht.

„Die Zeiten der Kleinspekulation sind zum Glück vorbei“, sagte er, in der Hoffnung, sie werde widersprechen. „Bleiben Bridge und Bakkarat, na ja. Haben Sie davon schon mal Miete bezahlt?“ Seine Augen waren wieder geschlossen. „Wenn wir nicht alle so vornehme Menschen wären, würde ich höchstens noch auf eine verliebte ältere Dame tippen.“

„In wen soll sie verliebt sein?“ Auf diese Frage der Generalin zuckte er die Achseln und empfahl sich. Er versuchte, der Prinzessin die Hand zu küssen, aber wie schwer machte sie es ihm. Er mußte die über Tasten eilende Hand mit seinen Lippen verfolgen und küßte daneben.

Im Salon, schon beim Ausgang, sagte die Generalin: „Kennen Sie eine Baronin Hartmann?“

Er blieb stehn. „Nein“, sagte er, um mehr zu hören.

„Ich habe sie zufällig kennengelernt –“ Sie betonte „ich“. – „In einer Gesandtschaft. Sympathisch, und ihr Haus hat Stil. Aber ist sie ein möglicher Verkehr? Man weiß von ihr nichts.“ Wobei sie dachte: „Wennschon. Er hätte es doch herausgebracht. Und jemand aus solchen Kreisen mußte ich endlich einmal nach ihr fragen.“

Der Präsident murmelte: „Hartmann – warten Sie – Hartmann. Da stimmt etwas nicht. Es hat mal einen Skandal gegeben", behauptete er drauflos. – „Waren Sie mit drin?" fragte die Generalin, ohne viel zu überlegen.

Er zog sich zurück. „Nein. Wieso. Ich weiß es nur vom Hörensagen. Jemand zeigte mir mal die Hartmann. Ich kenne sie nicht."

„Was täte es auch. In solchen Kreisen", betonte die Generalin, „hat jeder seinen Skandal gehabt."

Der Präsident nahm die Anspielung nicht auf, verbeugte sich nur noch und ging. Er beschloß, diese Baronin Hartmann sich anzusehen. Er wußte von ihr nur Günstiges. Wie kam sie aber dazu, die ganze Generalsfamilie zu finanzieren? Ihn selbst aus dem Geschäft zu drängen? Untragbar.

Die Generalin stand am Fleck und dachte: „Er kennt sie. Er war in dem Skandal mit drin, ich hatte die Eingebung von oben. Wieviel wären die näheren Einzelheiten wert, wenn ich damit vor Seehase hintreten könnte?" Mit steigender Begierde: „Hinzugerechnet, was der General über seine geschäftlichen Anfänge weiß, kommt, glaube ich, ein Vermögen dabei heraus."

Sie sah im Spiegel ihre Augen glänzen. „Ich gehe über Leichen", sprach sie laut in den süßen Singsang der Prinzessin hinein. „Die Zeiten sind vorbei –", mit weiter, fortdrängender Geste. „Diese Hartmann hat uns schon einen Teil unserer Schulden bezahlt. Der General weiß es nicht. Ich verantworte es allein. Der Fehler ist, daß wir zu lange anders waren. Wir hatten nicht die zeitgemäße Einstellung."

Sie sah sich im Spiegel ungläubig an. „Ich, Ina Schollendorff!"

Plötzlich fühlte sie sich verlassen, sie wünschte den General zurück. Warum war er jetzt soviel fort? Sie kannte ihn, er entzog sich den peinlichen Fragen, die das Leben stellte.

Er war aber gerade mit ihnen beschäftigt – Tag und Nacht. Er hätte nie gedacht, daß Fragen, die keinen nützlichen Ausblick boten, ihn so sehr würden gefangennehmen können.

Die Behauptung einer Unbekannten, sie sei die Mutter Valentins, war zunächst Halluzination, wenn nicht Schwindel, und verdiente nicht einmal Achselzucken. Grade darum lag ein merkwürdig erregender Reiz in der Vorstellung. Das Leben des Vierundfünfzigjährigen war festgefahren, es versprach bis zum Tode nicht mehr die kleinste Überraschung. Gut. Sollte sie die Mutter sein. Was hatte sie davon? Was trieb sie her – nach fünfundzwanzig Jahren? „Ich aber würde fünfundzwanzig Jahre lang nicht gewußt haben, wen ich im Hause hatte. Unterstellen wir es als wahr."

Da sah er: was ihn selbst betraf, war alles möglich, denn er hatte wirklich nichts gewußt, als daß noch einer Vogel von Lambart hieß. Wer der war? Wohin der strebte? Vielmehr, wohin es kam mit ihm? Der General machte die ersten Versuche, dem Leben des anderen Vogel von Lambart innerlich nachzugehen, und er erkannte, daß es, obwohl kurz, schon schwer gewesen war. „Ich bin doch kein Barbar, ich weiß längst, daß die Jungen heute nicht auf Rosen gebettet sind." Ja. Aber seiner. Sein Valentin. Das war ihm im Grunde neu.

Er stellte sich an die verschiedenen Wendepunkte in dem jungen Leben und verglich damit sich selbst in dem gleichen Alter. „Würde ich das ausgehalten haben? Ich war verwöhnt, gestehen wir es nur. Sogar mein Ehrgeiz war von eleganter und verzärtelter Art, die Rauheren kamen mir zuvor. Als ich nahe daran war, in die Gunst Seiner Majestät zu rücken, bekam ich eine dicke Backe, womit alles aus war. Das hielt ich für einen beispiellosen Schicksalsschlag. Die wirklichen Schläge, die später kamen, mich haben sie sofort leberkrank gemacht. Bei einem anderen habe ich die Leber wohl ohne weiteres für besser gehalten?"

Er belehrte sich. Natürlich hatte er seinem Sohn nicht geholfen. Welchem Sohn war geholfen worden. Es lag daran, daß das große Unglück zuerst doch die Väter befallen hatte. Großes Unglück, der Krieg? „Dafür hielten wir ihn nicht, grade im Gegenteil – obwohl wir ihn nicht gewollt hatten. Ich bestimmt nicht. Der einzelne wollte ihn nicht. Hat die Welt im ganzen ihn darum doch gewollt? Soll ich, nur weil ich früher auf der Welt war, für ihre Taten meinem Jungen verantwortlich sein?"

Hier schwiegen seine Gedanken wie gebannt. Als die Lähmung wich, sagte er: „Verantwortung – ein Wort! Man kann sehr wohl sein Kind unglücklich machen, und es ging doch nicht anders." Er dachte leiser: „Mich rechtfertigt dies nicht." Und wieder mit Nachdruck: „In dem Leben, wie es ist, meine Pflicht tun ist alles."

Womit er abbrach. Dies war die Stelle, wo er immer abbrach. Saß Valentin vor ihm, kamen alle diese Gedanken weit schwächer. Der wirkliche Anblick des jungen Menschen beruhigte ihn eher. Er überzeugte den General beinahe davon, daß jeder hatte, was er brauchte. „Schließlich kennt die Jugend nichts anderes, als was jetzt ist." Er machte einen Versuch, ob der Sohn vielleicht noch Erinnerungen hatte an die Zeit des Reichtums, in die seine Kindheit fiel. Der General hatte ihm eine Weile unausgesetzt die größten, teuersten Spielsachen gebracht. Der Grund war, daß er seine Frau damals betrog und ihr Geld nicht für sich, nur für das Kind ausgeben wollte. Er hatte diese anständige Handlung nicht vergessen.

Nein, Valentin wußte grade von jenen Sachen nichts mehr. Schon ärgerte sich der General, daß er gefragt hatte. Da begegnete sein Blick an der Wand dem Bildnis des Knaben – des heiteren, glücklichen Knaben, der 1915 voll Freude darauf wartet, daß er als Freiwilliger hinausziehen darf. Was war geschehen seither? Das Geld war fort? Mehr, viel mehr. Die Freude war fort. Die zuversichtliche Erwartung. Das Vertrauen. „Zu wem Vertrauen? Zum Leben. Aber ich, ich kann doch nichts für das Leben."

Verrückte Gedanken. Sogar das, was allenfalls richtig war an ihnen, verdiente abgelehnt zu werden im Namen der geistigen Gesundheit. Andererseits konnte man sich unmöglich abschließen gegen alles, was um uns her erlebt, man mußte wohl sagen erlebt wurde, selbst nicht gegen Falsches, Unwirkliches. Der phantastische Anspruch einer sonst unbekannten Person drang nun doch einmal hier ein. Er fragte die Generalin: „Wie kommt sie eigentlich darauf?"

Die Generalin war erstaunt. „Du kennst doch die Geschichte mit dem Kind und dem Brunnen."

„Ja. Ich meine, wie es kommt, daß sie sich grade jetzt darauf besinnt."

„Vielleicht hat sie gewartet, bis sie genug Geld hatte."

„Wofür?" fragte der General mit Stirnrunzeln – und das Gespräch stockte.

Er nahm es wieder auf. „Man hält nicht Jahrzehnte lang still, wenn ein Gedanke drinnen festsitzt. Er muß sie erst jetzt befallen haben."

Die Generalin hatte hierüber keine Meinung. Er war genötigt, die Stichworte selbst zu bringen. „Man nennt das Reue."

„Wie?" fragte die Generalin hier. Ihre Brauen rückten flüchtig hinauf.

„Das Gewissen schlägt ihr", erklärte er ungeduldig. „Sie merkt plötzlich, was Verantwortung heißt."

Die Generalin wartete höflich. „Wenn du meinst", sagte sie, da er schwieg. „Ich kann mir zwar einfachere Motive denken. Zum Beispiel, daß sie Familienanschluß sucht." Die Generalin führte ein Beispiel an, Geheimrat von X., bei denen mitten in der Wintersaison plötzlich eine bisher völlig unbekannte Verwandte erschienen war – „im Alter der unseren", sagte die Generalin mit scharfem Lächeln. „Das ist das Alter." Neuer Glanz bei Geheimrats, und ruinierter konnte doch niemand gewesen sein. Jetzt waren beide Töchter verheiratet.

„Das liegt einfach", sagte die Generalin. „Ein einfaches Abkommen zwischen Geheimrats und der Dame. Baronin Hartmann hat den Ehrgeiz, durch uns in die gute Gesellschaft zu gelangen, ist aber klug genug, uns nicht mit Geheimrats X. zu verwechseln. Daher die umständlicheren Vorbereitungen. Du wirst sehen, was noch kommt."

Die Generalin hatte leicht prophezeien. Der Wunsch der Baronin Hartmann, hier empfangen zu werden, war schon an sie gelangt. Sie hatte abgelehnt. Seitdem verdiente Valentin all das Geld, das ihre Schulden bezahlte.

Der General hörte nur: alles sollte erfunden sein, die ganze alte Geschichte des Dienstmädchens – und sooft er sie selbst auch geleugnet hatte, in diesem Augenblick fühlte er, die Geschichte habe bei ihm Wurzeln gefaßt. Alles leugnen, alles Geheimnisvolle, jede Berührung mit einem fremden, dunklen Geschick, ja, die Tiefen leugnen, die das Leben hatte, der General nannte es nüchtern und leichtfertig. Für sich stellte er fest, man müsse schon aus der Sphäre Schollendorff kommen. Vielleicht ließ er es durchblicken, dann aber jedenfalls so höflich, daß nur die Übung eines Vierteljahrhunderts es merken konnte.

Die Generalin erinnerte in solchen Lagen lachend an den Vorfall mit dem Regimentskommandeur, der neu nach Hamburg kam. Sein Adjutant Hauptmann Vogel von Lambart war mit ihm hinversetzt. Wo man dort verkehre, fragte der alte Preuße. Man nannte ihm Namen. Wer das sei? Kaufleute. „Ich habe noch nie bei dem Kaufmann am Markt verkehrt", sagte der Kommandeur, der sein Leben lang in Pommern und der Mark gestanden hatte. Der Kaufmann am Markt! Schollendorffs und der Kaufmann am Markt! „Aber so seid ihr", schloß die Generalin. „So sieht im Grunde eure Weitläufigkeit aus."

Der General wieder fand grade die Art der Schollendorffs unter den gegebenen Umständen nicht einwandfrei, ja, unheimlich. Was sprach eigentlich dagegen, daß er mit einer Kindesunterschiebung betrogen worden war? Nun ja, dagegen sprach der gesunde Menschenverstand, das heißt Gewohnheit, Bequemlichkeit, die pflichtgemäße Stellung zur eigenen Frau.

Wenn man sich nun anders zu ihr stellte?

Diese Frau hatte im Grunde von jeher Zeichen eines Charakters gegeben – Der General schloß den Satz nicht. Er hatte die bedenkenlose Willenskraft der Frau ausdrücken wollen. Wenn wir festsitzen, liegt es vorgeblich immer nur an der überlegenen Willenskraft anderer – die aber selbst manchmal froh wären, wenn sie wenigstens die unsere hätten. Dies fiel dem erfahrenen General wieder ein, bevor er weiterging.

Bei allen Vorbehalten blieb doch das eine, daß Ina ihre Ehe, als sie einst bedroht war, rücksichtslos verteidigt hatte. Ein Opferlamm war sie nicht. Zur Ehe gehörte das Kind, denn der Vater hatte es sich dringend gewünscht. Es war gekommen, als seine Ungeduld für die Frau zur Gefahr wurde. Da war es unverhofft gekommen ... Und warum kam später nie mehr eins?

„Mir in meinem Glück war doch Schwangerschaft wahrhaftig leicht vorzutäuschen." Er schrak nochmals zurück. „Eine Dame aus Hamburg!" Dennoch hatte er schon festgestellt, noch existiere der Arzt, der die Generalin zwar nicht entbunden, aber nachher behandelt hatte. Der General ging sogar bis vor das Haus des Arztes. Weiter kam er nicht. Der Arzt war nun alt, hatte Titel und Orden, eine Respektsperson. Trete einer vor ihn hin und frage ihn, ob er vor fünfundzwanzig Jahren eine strafbare Handlung begangen hat! Ein für alle Male nein, entschied der General. Statt dessen bekümmerte er sich um die Hebamme.

Da fand er, daß sie damals aus Berlin verschwunden war, dann mehrmals den Wohnort gewechselt hatte und endlich nicht mehr auffindbar schien. Eine Gefängnisstrafe wegen unerlaubter Eingriffe ging vorbei. Mithin war sie auch der Kindesunterschiebung fähig. Zu der Zeit war sie noch keine alte, heruntergekommene Person gewesen? Ganz gleich. Endlich betrat der General festen Boden.

Er veranstaltete mit Hilfe von Agenturen eine wahre Jagd auf die Hebamme. Er kam in Leidenschaft, eine Aufgabe erfüllte ihn. Er versäumte die Mahlzeiten, stand schließlich erregt und abgehetzt vor der Generalin, und erst unter ihrem befremdeten Blick fiel ihm ein, was er tat. Er arbeitete an ihrem Verderben. Er erschrak, so war es nicht gemeint. Alles kam vielleicht nur, weil er leider zu viel freie Zeit hatte. Jetzt brachte er von seinen Streifzügen nach der betrügerischen Hebamme seiner armen Frau Schokolade und Blumen mit.

Die Grenzen seiner Untersuchungen erweiterten sich, wie konnte es anders sein. War Baronin Hartmann die Mutter Valentins, welchen Gebrauch hatte sie so lange davon gemacht? Keinen bis in die jüngste Zeit? Hier erschien ein Rätsel. Schon seit den großen Schicksalsschlägen konnte sie heimlich eingegriffen haben. Zweifel kamen dem General über den Beginn seiner Beziehungen zum Präsidenten. Wie hatte er bei

Seehase Generaldirektor werden können? Warum hielt Seehase trotz ihrem Zerwürfnis noch immer Valentin? Alles war erschüttert, wenn der Präsident und die Baronin einander kannten. Sie leugneten, aber der General hatte Kappus. Er hatte herausgebracht, wie Kappus zu der Hartmann stand. Die Gelder waren fraglos durch seine Hand gegangen. Der General beschloß, Gericht zu halten.

„Herr Kappus, wir kennen uns endlos lange. Von Mann zu Mann, was Sie tun, ist Verrat." Er ließ sich nicht aufhalten. „Sie subventionieren meinen Sohn Valentin. Sie tun es in allen erdenklichen Formen schon seit Jahren. Sie müssen Gründe haben, die über gewöhnliches Maß gehen. Wollen Sie sich nicht aussprechen? Ich mache Sie darauf aufmerksam, daß weiteres Versteckenspiel –"

Der General beendete die Drohung nicht, Kappus sah gar zu einfältig aus. Der gewitzte, reife Mann legte die Hand auf das Herz wie in uralten Zeiten. „Herr General, ich soll nicht mehr leben." Auch dies war nie von ihm gehört worden. „Ich weiß nur, daß Spielschulden gemacht worden sind." Er sagte nicht, von wem. „Sonst weiß ich noch, daß Ihre von mir hochverehrte Gemahlin ein überaus schönes Kollier besitzt, Brillanten und Türkise, große Türkise. Man trägt das nicht mehr, aber eine Dame meiner näheren Bekanntschaft hat Interesse für Steine. Sie will das Halsband kaufen. Sie will es sehen. Sie will Besuch machen."

Was ließ sich erwidern. Die Dame wollte sich auf diese Weise bezahlt machen für die Spielschulden Valentins. Der General hatte ihr nichts abzuschlagen. Auch hielt er es nicht mehr aus, die Unbekannte beschlagnahmte nachgrade seine gesamte Geistestätigkeit, sie sollte kommen, sollte endlich auftreten in eigener Person. Er sprach seiner Frau von dem Besuch, der gewünscht ward.

Die Generalin war froh. Schon mehrere Tage lang wagte sie nicht, das entscheidende Wort zu sprechen, aber Valentin als Beauftragter der Baronin Hartmann drängte. Baronin Hartmann hatte beträchtliche Dienste geleistet, sie konnte endlich den Preis fordern. Die Generalin machte der Form wegen ihrem Gatten einige Schwierigkeiten, sie ließ durchblicken, was sie von seiner inneren Unruhe ahnte. Die Verantwortung für den gewagten Schritt lag zum Schluß nur auf ihm.

Als das große blaue Automobil vorfuhr, sah einzig die Generalin es, sie sagte aber nichts. Heute ward jeder auf Herz und Nieren geprüft, um so besser, je unverhoffter. Auch dem Präsidenten war nicht angekündigt worden, wen er hier treffen werde. Wenn er nur kam!

Eine Karte ward gebracht. „Felicie", bemerkte die Generalin. „Der Akzent auf dem c ist dem Kriege zum Opfer gefallen."

Sie erwartete stehend die Gegnerin. Während ihres Ganges durch den Salon enthüllte jene der Generalin vieles: außer den Firmen, die sie angezogen hatten, einen Rest von Exotismus, ausgedrückt in Naivität des Auftretens und dem nicht vollendet sicheren Geschmack. Die eigentliche Herkunft der Frau aber verriet sich in ihrer Schönheit selbst. Schönheit war es wohl, da Valentin wie auch der General ihr so beflissen die Hand küßten. Aber es war grobe Schönheit, keine feinen Knochen, kein Gesicht, das wechselte, die Augen unter ihren regelrecht gewölbten Brauen zu groß und zu stumm, die Haut matt, glatt, noch nie von geistiger Unruhe in ihrem Blühen gestört. Dies alles in seiner Einfachheit stehengeblieben und erhalten weit über die Grenze des Alters. „Sie ist wahrhaftig nicht jünger als ich, aber wie sehe ich gegen sie aus!" Nur die Haare, prachtvoll rund angesetzt über der Stirn, die Generalin schwor, daß sie viel bestimmter rot gewesen waren einst, zur Zeit der Abenteuer. Zur Zeit der sinnlichen Abenteuer. Jetzt, bei dunkleren Haaren, waren andere daran, Abenteuer des Herzens sozusagen. Aber die Generalin beschloß, ihnen keineswegs zu trauen. Der Anblick der Baronin Hartmann machte sie gefaßt auf Rückfälle ins Gebiet der Sinne.

Die beiden Herren verhielten sich abwartend, sie achteten das erste Zusammentreffen der weiblichen Mächte. Baronin Hartmann indes nahm reichlich belegte Brötchen zum Tee, sie eröffnete den Kampf nicht. Was die Generalin an ihr entdeckte auf dem Gang durch das Zimmer, hatte sie selbst genau mitverfolgt. Sie ahnte auch, daß es zu der Vorstellung der Generalin durchaus passen würde, wenn sie reichlich Brötchen nähme.

Daher tat sie es. Mit dem ersten Blick hier sah sie die Feindin – und daß alles, was bei Valentin ihr selbst entgegenwirkte, von der Feindin kam. „Ihr habe ich das Kind überantwortet die lange, lange Zeit!“ Einer Frau mit so dünnen Haaren, den nervös glänzenden Augen und diesen Zähnen. Die große, zu blasse Nase verhieß nichts Gutes, aber erst die verdorbenen Zähne in all dem Gold! Baronin Hartmann erkannte die Gefahr rein körperlich. Sie erkannte auch, sie werde sich äußerst beherrschen müssen.

Die Generalin hatte ganz etwas anderes beabsichtigt, aber nach einigen Sätzen der Verlegenheit sagte sie zu ihrem eigenen Erstaunen: „Jeder hat jetzt Geschäfte und was für welche! Werden Sie mir glauben, Baronin, daß ich mich heute einer Dame zu erwehren hatte, die mir meinen Mann abkaufen wollte? Jawohl, eine Dame, die Generalin werden wollte. Es scheint jetzt üblich. Die neue Klasse kauft Verwandte.“ Sie sprach im Plauderton, aber scharf.

Der General versuchte gutzumachen, er sagte vollendet höflich: „Ihre Villa in der Tiergartenstraße, Baronin, haben Sie schon sehr lange, längst vor den neueren Ereignissen. Ich weiß es, weil ich selbst, oh, in Zeiten größerer finanzieller Bewegungsfreiheit, einst ein Auge auf Ihr Haus geworfen hatte. Es schien damals lange leer zu stehn.“

Denn sie sei damals viel auf Reisen gewesen, sagte Baronin Hartmann – indes sie mit Kummer Valentin tief erröten sah. Sie begriff seine Scham, als hätte nicht die Generalin, nein, sie selbst sie verschuldet.

Während sie weiter mit dem General sprach, beurteilte sie ihn. Er war ein schwacher Mann, viel zu bedenkenvoll für diese Frau. Aus Bedenken hielt er sich auch keine Freundin, sosehr er sie sich wahrscheinlich wünschte. Kein entschlossener Gegner, so sah Baronin Hartmann. Schon nicht, infolge innerer Kritik an der handelnden Frau. Sie war gerecht, sie gab zu: „Die Frau verteidigt, was sie hat. Ich werde sie nie entschädigen können.“ Trotzdem haßte sie die Generalin – so sehr, fürchtete sie, könne jene sie nicht hassen.

Jeder fühlte, was vorging; das Sprechen ward schwer. Die Generalin griff schließlich zu Komplimenten über den Anzug der Besucherin. Dabei achtete sie eigentlich nur noch auf ihre Zähne, diese weißen, ohne eine Beschädigung musterhaft im bequemen Munde aufgereihten Zähne, über die beim Sprechen die Lippen abwechselnd hin- und wieder fortglitten. Es reizte die Generalin unerträglich. Mitten in einen Satz über Hüte brach sie ab. „Und Ihr Gebiß, Baronin!"

Zum erstenmal färbte sich die glatte Haut. Baronin Hartmann hob die Hand auf. Niemand wußte, was sie tun würde, sie wußte es selbst nicht. „Aber es sitzt fest", sagte sie – und klopfte mit den Knöcheln der geschlossenen Hand heftig an ihre Zähne.

Die Generalin fuhr zurück auf ihrem Stuhl. Sie fühlte: „Schrecklich! Das ist ein Tier."

Die Fremde sah selbst erschrocken aus. Sie hatte sich beherrschen wollen, da war grade geschehn, was sonst nicht vorkam.

Mitten in die Panik trat der Präsident. Er wirkte zunächst erleichternd mit seinen langsamen Bewegungen und weil er hinkte. Baronin Hartmann sah ihn bei der Vorstellung noch durch einen Schleier. Schon seine ersten Sätze genügten, sie verstanden sich. Er sagte etwas über ihr Automobil, das draußen stand; aber er sagte nicht das, was er etwa der Generalin darüber gesagt hätte. Das Gespräch führte sofort zu der Wirtschaftskrise, zu den Arbeiterentlassungen. Merkwürdig, Baronin Hartmann sagte ihm auf den Kopf zu, wie viele er in der nächsten Zeit abbauen werde. Man sah sie geschäftlich werden. Mit ihr verlor auch der Präsident den gesellschaftlichen Ton, den er doch mit der Generalin und ihrem Gatten sogar noch im Streit behielt.

Mürrisch gab Seehase zu, was er nicht leugnen konnte. Dann prahlte er. Ganz andere als er würden auffliegen. Wer sich jetzt aber halte, sei hindurch. Hierin schienen sie einig, wenn auch immer auf diese unhöfliche Art. Jeder der beiden fühlte von dem andern, den er sonst nicht kannte, das eine mit Sicherheit, daß auch zu ihm nicht immer im Leben höflich gesprochen worden war. Ihr war es sogar, als habe sie ähnlich schroff mit dem Mann einst schon gesprochen. Nur blieb es dunkel wie Traum.

Die Generalin saß auf Kohlen. Rücksichtslosigkeiten gegen sie selbst konnte sie ausgleichen durch um so mehr Takt und Überlegenheit. Dagegen boten Rücksichtslosigkeiten Fremder untereinander ihr keinerlei Gewähr für ein gutes Ende, sie ertrug sie nicht. Sie suchte Hilfe, aber ihr Mann und Valentin stellten sich unbeteiligt. Ein letztes Mittel blieb ihr, sie läutete. Jetzt ging befehlsgemäß der neu aufgenommene junge Diener zu der Prinzessin und bat sie zum Tee. Da kam sie schon, gefolgt vom Professor. Wirklich, der Präsident beendete augenblicklich sein geschäftliches Gehaben. Er selbst trug für die Prinzessin den Stuhl herbei. Sie wieder zog den Stuhl Valentins nahe an sich. Der Präsident rückte um so näher, alle drei saßen aufeinander. Die Generalin begegnete dem Erstaunen der Baronin Hartmann, sie lächelte ihr zu. Es hieß: „Dies erkläre ich Ihnen später."

Am Präsidenten gab es nichts zu erklären. Er war sehr bleich geworden, als die Prinzessin eintrat, war aber jetzt hell gerötet und beherrschte nicht mehr jede seiner Bewegungen. Wie alle seine von einem schweren Leben gefügten Falten und Züge dem kleinsten Wink der jungen Prinzessin gehorchten, und sie wußte nicht einmal, daß sie den Wink gab! Die harten Augen bekamen etwas Winselndes, obwohl sie hart blieben, es war wunderbar anzusehn. Baronin Hartmann sah jetzt: „Ich muß ihn kennen. Woher kenne ich ihn?"

Das abgeschorene kleine Mädchen – schon wieder waren die Haare kürzer – ragte lang und schlank von seinem Sitz auf, schlug lange Beine über, lachte mit seiner lustigen bunten Schminke und schwatzte Torheiten, die nur der große Präsident ernst nahm. Immerhin fand auch Valentin sie weniger unzusammenhängend als sonst, er fragte sich, woher. Etwas Klärendes ging in dem Kopf der Prinzessin vor: was war es?

Er fühlte an seinem Herzen, was es war. Sein Herz erfüllte sich mit Zärtlichkeit – wenn nicht mit Liebe. Ein Wesen, das du neulich nachts verschont und gepflegt hast und das dich dafür anbetet, obwohl sie eigentlich alles vergessen hat! Vielleicht sogar redet sie heute weniger töricht, nur weil sie liebt, und das Wunder tust du, du, der an Wundern verzweifelt war! Er war fast glücklich. Er übersah nicht nur den Präsidenten, der ihm doch auf den Fuß trat, einen Augenblick störte ihn nicht einmal mehr Felicie, die doch hier war, ihn zu beobachten. Ja, vielleicht beschäftigte er sich mit der Prinzessin noch lieber, weil Felicie zusah. Er unterschied nicht alles, was mit ihm vorging. Seine grauen Augen aber erhellten sich, so sehr leuchteten jene veilchenblauen.

Die Generalin saß nach wie vor auf Kohlen. Es war unmöglich, daß Baronin Hartmann nicht sah, was vorging – obwohl sie sich anerkennenswerterweise beherrschte. Das, was sie sich wünschte, war es nicht ... Die Generalin brach kurz ab. „Baronin, ich glaube, wir haben noch etwas anderes zu besprechen." Baronin Hartmann verstand und kam mit.

Sie führte sie durch das Eßzimmer in ihren Ankleideraum. Während die Generalin den Schmuckkasten aufschloß, sagte plötzlich die andere: „Hier ist die Seitenwand des Hauses. Nebenan das Schlafzimmer geht nach hinten. Dies Erdgeschoß ist nicht hoch. Stände jemand hinter dem Hause, er könnte hinein- und hindurchsehn bis hierher. Stände er zwischen den beiden kleinen Pflaumenbäumchen", schloß sie. Die Generalin sah schnell um nach den Bäumen. Natürlich waren sie nicht da, sie waren längst eingegangen und fortgenommen. Der Generalin schauderte es. Sie sagte: „Hier ist das Halsband." Dann erst fiel ihr ein zu sagen: „Sie haben recht, daß Einbrecher es hier vielleicht zu bequem hätten. Aber wir sind bewaffnet."

Die andere schwieg, sie schien nicht einmal zu hören. Sie fühlte sich nicht mehr hier im Zimmer. Sie fühlte sich draußen stehn hinter dem Hause, es war Nacht, war kalt, eine der kalten, elenden Nächte von einst. Umsonst spähte sie durch geschlossene Vorhänge, erriet die Schatten, die darüberfuhren, erlauschte die armen, geliebten Laute des Kindes, das sie doch dahingegeben hatte. Dahingegeben, dahin, dahin! Baronin Hartmann machte zum Befremden der Generalin mehrere ganz selbstvergessene Schritte. Dann war zu sehen, wie sie zurückfand aus ihren Gedanken, aus wer weiß welchen fernliegenden verdächtigen Abenteuern.

„Verzeihen Sie, Frau Generalin, ich bin wohl neugieriger, als man bei einem ersten Besuch ist. Das Knabenbild im Salon ist doch –“ Sie suchte den Ausdruck. „Herr Valentin?“ Sie erhielt die Bestätigung, dies genügte ihr aber nicht. „Auf dem großen Mitteltisch die Figur –“

„Der Jüngling?“ Die Generalin horchte auf.

„Auch das ist er. Ich sehe es“, sagte die andere. „Das ist er noch jetzt.“

Die Generalin biß sich auf die Lippe. Das sah sonst nur sie, und sie sah es nicht mehr oft. Für wen war Valentin noch die Figur, die sich aufschwingt? Und die doch dagewesen war, bevor er selbst zur Welt kam ... Sie fühlte, der Schauder sei ihr wieder nahe, beschloß aber, sich nicht mehr verblüffen zu lassen. Zum Schluß wußte doch jede von ihnen, was sie hier wollte. „Sehn Sie sich das Kollier bitte an“, sagte sie trocken.

Die andere kam auch, zog die schon ausgestreckte Hand aber so schnell zurück, als sei das Halsband heiß. „Diese kleine Prinzessin ist reich?“ fragte sie.

Ach so. Sie wußte nichts. Die Generalin beglückwünschte sich, den heiklen Punkt noch nicht berührt zu haben. „Sehr reich“, sagte sie.

Sie atmete ein paarmal. „Nach der Fürstenabfindung wird sie noch viel reicher sein. Für Valentin kommt sie natürlich nicht in Frage.“

„Natürlich?“ fragte die andere. „Das kann ich nicht einsehn. Nur Rang und Reichtum kommen für ihn in Frage.“

Sie war nicht eifersüchtig? Die Generalin hatte nichts anderes erwartet, als daß sie die Prinzessin befeinden werde. Statt dessen schien sie ihr entgegenzukommen – wenn auch mit einem Schatten Trauer in der Stimme. Sie war ehrgeizig für Valentin. Denn ihre eigenen Zwecke waren vor allem gesellschaftlicher Art, die Generalin hatte es gleich anfangs richtig erfaßt, sie hätte sich nur erinnern müssen. „Hier Eifersucht anzunehmen! Sie wird im Gegenteil so weit gehen in ihrem Bedürfnis nach gesellschaftlichem Avancement, daß sie Valentin die Mitgift gibt.

Die Prinzessin aber bekommt sie vom Präsidenten. Wie alles klappt!" dachte die Generalin bewundernd – obwohl mit gleichzeitiger Abneigung gegen den ganzen Zusammenhang der Dinge und gegen ihr eigenes Mitwirken.

„Der Präsident –", begann hier die andere.

„Der Präsident", unterbrach sogleich die Generalin, „gehört auch dazu. Er sagt auch gern: Prinzessin!" Sie lachte konventionell, zu dem Lachen ließ sich alles aussprechen. „Sie sehen doch, daß der Snob keine Gefahr ist. Bis an gewisse Grenzen darf man ihn gehn lassen." Dabei dachte die Generalin: „Du kuppelst, mein Inakind. Und dieser Dame hast du, weiß Gott, soeben zugezwinkert."

Baronin Hartmann bemerkte von dem allen nichts. Sie hatte die Augen schwer auf der Generalin, Augen, die nicht sahen. Die Generalin war schon in Unruhe, was jetzt käme. „Ich muß ihn kennen", kam.

„Den Präsidenten? Was Sie nicht sagen" – die Generalin stellte sich gleichgültig.

„Man kann nicht mehr alle Gesichter wissen. Und dieses habe ich nachts gesehn."

„Schöne Nächte", dachte die Generalin. Sie lachte heiter.

„Behüten Sie die Prinzessin!" verlangte jene, es klang drohend.

„Aber bitte, sie hat ihren Lehrer." – Dies hörte Baronin Hartmann kaum zu Ende. Offenbar hatte von der ganzen Gesellschaft niemand sie so ungeduldig gemacht wie der arme Professor. „Was für ein Mensch ist das! Er läßt das Mädchen flirten und hält Reden. Er redet Dinge, die er selbst nicht für wahr hält, und erwartet, daß sogar die ihm zuhören, die grade ein Mädchen verführen." Ihre Handbewegung erledigte den Professor. Verächtlicher war keiner.

„Der Präsident ist gefährlich", begann sie wieder – da erschien im Türvorhang Valentin. Seine Miene bat um Entschuldigung.

„Ich bedaure, eine kleine Störung. Dem Präsidenten ist nicht wohl. Wir tragen ihn auf den Diwan."

Er zog sich zurück. Statt seiner hob die Generalin den Vorhang auf. Baronin Hartmann trat hinter sie. Beide sahen zu, wie der Professor und Valentin den Leidenden hinlegten. Der Präsident hatte geschlossene Augen, aber nur weil er litt. Das Faltenspiel des Gesichts, der fleischigen Stirn stand angstvoll still. Nun Geist und Gegenwart in seinen Zügen der Krankheit unterlagen, zeigte er freilich nur noch ein altes Tiergesicht. Alles verfiel und versank um den Mund in seiner gramvollen Grausamkeit. „Der!" sagte jemand. „Der war es!" Heisere entfernte Stimme, die Generalin begriff nicht gleich, daß sie so nahe hinter ihr sprach.

„Wer?" fragte sie, ohne umzusehn.

„Der hat ihn dem Gericht verraten", sagte die Stimme.

„Wen?"

„Seinen Freund."

„Der Ihnen nahestand?"

Hierauf kam keine Antwort mehr. Die Generalin tat einen Schritt und war auf der anderen Seite des Vorhangs. Sie hielt ihn noch, sie sah noch hinter sich in das entsetzte Gesicht. Dann ließ sie ihn vor dem Gesicht zusammenfallen.

Die Generalin fühlte Boden, sie ging leichtfüßig. So war es, ein Mann hatte der Dame nahegestanden, der Präsident aber hatte gegen ihren Geliebten gearbeitet – in einem richtigen Prozeß, dem berühmten Skandalprozeß der Baronin Hartmann! Das Beste: er wußte es selbst nicht mehr. Er hatte sie nicht wiedererkannt, sie ihn erst jetzt. Alles mußte sehr lange her sein. Solche Leute hatten selbstverständlich schon mehrmals in ihrem Leben anders geheißen. „Sicher ist, ich kann beide ins Bockshorn jagen. Du machst dich, Inakind."

Leichtfüßig streifte sie den General. Er betrachtete tief den liegenden Präsidenten. Da lag der Präsident und war im Augenblick nicht mehr der Sieger. Er hielt sich das Herz, litt Atemnot und glich einer Leiche. „Nun, das geht vorbei, es geht immer noch einmal vorbei.“ Der General hatte es nötig, sich selbst zu ermutigen. Der Druck auf Magen und Leber ward seit kurzem bei ihm wieder stärker, ein Gallensteinanfall näherte sich. Da aß man nicht mehr, ward gelb und neigte zur Unterschätzung des Lebens.

Die Generalin nahm ihn beim Arm, sie war herzlich aus Freude über ihre Erfolge. „Mache dir um Gottes willen nur keine Gedanken!“ Sie zog ihn fort aus der gefährlichen Nähe des Präsidenten. Hierauf veranlaßte sie den Professor, der sich noch nicht wieder gefaßt hatte, die Prinzessin abzuführen. „Ich übernehme die Pflege unseres Kranken.“ Denn der Generalin lag daran, mit dem Präsidenten allein zu bleiben, solange er noch schwach war und weder seine Eindrücke noch seine Worte ganz beherrschte.

Mit den Augen winkte sie Valentin herbei. „Du siehst, ich kann mich bei der Baronin Hartmann nicht verabschieden. Entschuldige mich, bitte, bei ihr.“

„Sehr wohl, Mama.“

Aber sie hielt ihn noch auf. „Ach, ich vergaß den Schmuck. Ich glaube, daß sie ihn nimmt. Den Preis weißt du, aber lasse sie bieten, wir sind keine Händler.“

„Gemacht“, sagte er – und ließ denselben zerstreuten Blick umherschweifen wie sie. Als ihre Augen sich dennoch trafen, lächelten sie beide gleich scharf und flüchtig. Die Generalin zuckte die Achseln.

Valentin wollte eintreten, blieb aber im halb erhobenen Vorhang stehn. Was er sah, war neu: Felicie, die wie eine Wilde im Ankleidezimmer hauste. Sie hatte schon mehrere Sachen von den Tischen gestoßen, auch ein Stuhl war umgefallen. Sie brauchte freie Bahn. Das kleine Zimmer faßte die Leidenschaft ihrer Bewegungen nicht. Mehrmals fuhr sie mit der Hand nach ihrem Hals, als wollte sie alles aufreißen. Auch in ihrer Miene herrschten verhängnisvolle Vorgänge – und machten sie älter. Ja, Glätte, Gemütsruhe, das Wesen der Dame waren nötig, damit Felicie noch jung blieb. Aufregungen gaben ihr sofort die Maske tragischen Verfalls.

Dem, der dies erspähte, klopfte das Herz. Er schämte sich, er ließ den Vorhang fallen. Dahinter rief er zuerst mehrmals ihren Namen: „Felicie" – mit der Stimme der guten Tage. Als er dann eintrat, saß sie auf dem kleinen hellgelben Ruhebett und sah ihm entgegen, ohne zu sehen, denn in ihren Augen standen Tränen.

In ihren großen Augen stand Tränenwasser, ohne überzulaufen, wie gehalten von ihrem Willen. Sie sagte beherrscht, daß sie um ihn in Sorge sei. Er fiel gleich ein, er wisse alles, was ihr Sorge mache. Nein, sagte sie, denn er kenne den Präsidenten nicht. Er wies hinter sich, dort liege der Präsident, sie müßten leise verhandeln.

Sie fing neu an. „Warum nur, Valentin, haben Sie mir nie ein Wort von der Prinzessin gesagt?"

Dies war das Unentschuldbare, er wußte es. Die munteren Erklärungen, mit denen er es dennoch versuchte, gab er sogleich wieder auf, ihr Blick war zu fremd. Endlich gestand er einfach, alles komme von einem ersten Versäumnis. Die Prinzessin war die erste Zeit zwischen ihnen ungenannt geblieben, später war nichts mehr zu ändern. „Was sollte ich sagen, Felicie? Sie wären auf falsche Vermutungen gekommen."

„Es sind aber die richtigen", sagte sie. „Die Prinzessin ist Ihre Verlobte."

„Ich weiß es nicht. Nein, ich weiß es nicht. Aber seien Sie zu ihr gut!"

Sie sah vor sich nieder, ihr Mund schloß sich fester. Valentin versuchte: „Sie ist doch ein liebes und gutes kleines Geschöpf."

Da sprang sie auf.

„Sie haben kein Recht auf die Prinzessin", flüsterte sie rauh. „Sie haben auf niemand ein Recht. Dann war alles grober Betrug." So hart, wie jemand, der sein Geld fordert. Valentin ward es heiß und kalt vor den Schrecken der Lage. Er mußte zugeben, sie habe große Beträge geopfert und sei im Grunde betrogen worden. Die beleidigte Felicie wirkte so stark, daß Einwände erstickten. Er bewegte nur bittend die Hand.

Sie sah es und griff sich an die Stirn. „Ich wollte doch nicht –" Denn hatte sie nicht schon im Angesicht der Generalin sich fest versprochen, ihre

Eifersucht nie hervor-, auf keinen Fall hervorzulassen? „Ich habe doch wahrhaftig gelernt, nichts hervorzulassen. Was ist es mit mir?“ Sie fürchtete sich. Dieser Anfall war eine Warnung. Du wirst daran denken. Sie machte eine Anstrengung, sie verwandelte sich in die stolz gesittete Dame. „Davon abgesehn, ist die Prinzessin mir sympathisch“, sagte die Dame.

„Nicht wahr?“ fragte Valentin schwach.

„Sie ist körperlich früher entwickelt als geistig. Ich war es auch“, sagte sie – schwieg und merkte, daß es die Wahrheit sei und die Prinzessin nicht weniger einfach als einst sie selbst in ihrem Heimatdorf. Eine kleine Schwester. Sie lächelte Valentin zu, was ihn sofort zum Weltmann machte. Er küßte verehrungsvoll die schöne Hand. „Heißen Dank, Felicie. Und fürchten Sie nur nichts vom Präsidenten!“

„Jetzt nicht mehr. Was ich ihm zu sagen habe, wird genügen.“

Sie sprach klar, er sah sich unruhig um. „Meine – vielmehr die Generalin ist bei ihm, sie läßt sich durch mich bei Ihnen verabschieden, Felicie.“ Er schwieg von dem Schmuck. Nach diesem Auftritt schien es unmöglich, darauf zurückzukommen. Er geleitete sie durch das Schlafzimmer. Gleich auf der Schwelle lag ein Gegenstand. Was glitt, wie er sie aufhob, aus der Lederhülle? Das Halsband. Felicie mußte es in ihrem Anfall dorthin geschleudert haben.

„Da ist es“ – sein Ton klang zweifelnd, keineswegs hielt er ihr das Ding hin. Sie zögerte wohl auch, fragte dann aber doch: „Was kostet es?“ Fast hätte er laut gelacht. Nach diesem Auftritt! Grade nach ihm, sie glich ihn mit Geld aus. Valentin dachte: „Wenn sie meine Mutter wäre, sie hätte bloß ein Wort: Geld gibt's nicht ... Dann käme sie aber nicht so bald wieder hier ins Haus. Die Beziehungen wären getrübt – schließlich doch auch mit mir“, gestand er. So war es nun. Mit Geld hatte sie ihn an sich gezogen und zu überzeugen gesucht. Sie hätte es lieber ohne Geld tun sollen. Jetzt blieb ihr nur übrig, weiterzuzahlen – für eine Mutterschaft, die Geld doch nie beweisen konnte.

Er war traurig für sie, wortlos reichte er ihr den geöffneten Schmuckbehälter. Sie schlug ihn zu, ohne die Steine anzusehn. Von der Berührung schienen ihr die Finger zu brennen. Denn sie erinnerte sich der Erklärung Kappus', in Familien wie diese könne man falsche Stücke für echt kaufen. Sie wollte nichts sehen, nichts wissen. Sie nannte den Preis, den sie zu zahlen wünschte, Valentin verbeugte sich. Aufbruch.

Sie gelangten durch das Schlafzimmer über den Flur zum Ausgang ohne ein Wort. Valentin sah beim Abschied so zerstreut umher wie vorhin mit der Generalin, als es an das Geschäft ging. Sie aber, die jetzt über die Schwelle schritt und draußen sich umwendete vor der noch offenen Tür, fühlte alles: daß sie in diesem Augenblick sowohl verachtet wurde wie verachtete. Daß Haß zwischen ihnen drohte. Unbekannte Schmerzen drohten, es drohte ein von Eifersucht, Demütigung, ohnmächtigem Ersehnen entstelltes, wohin noch getriebenes Herz.

Die Tür ging zu, noch durch das Holz sah sie seinen zerstreuten, ihr entzogenen Blick. Sie rief durch das Holz:

„Du siehst mich nicht einmal an!“

Es war das erste Du, das sie ihm gab.

Viertes Kapitel

Sie war entsetzt, zuerst begriff sie nichts. Was geschah, mußte Irrtum sein, eine willkürliche Störung. Die Wirklichkeit lag vielleicht ungewöhnlich, jedenfalls aber einfach. Sie hatte ihr Kind wiedergefunden, es war ihres. Zum Beweis half sie ihm sowohl wie der Familie, in der es aufgewachsen war. Dies ließ keinen Zweifel zu, denn wer hätte schon gehört, daß jemand so viel verschenkte von seinem schwer erworbenen Geld. Hier aber war es ihr Recht und ihre Pflicht.

Sie hatte sich ihres Kindes erinnert – vor einem Jahr, ja, nur ein Jahr. Auch damals kam der Sommer. Sie war an einem altgewohnten Strande und nie allein, sogar Verehrer, natürlich Verehrer wie je. Trotzdem kam ihr das sichere Gefühl, daß sie etwas versäume, einen Vorteil im Leben verliere, der bei besserer Disposition unschwer zu haben sei. Die Verehrer schienen ihr nachgrade unsachgemäß, nur noch unergiebige Beziehungen waren denkbar.

Sie fühlte ein Alter kommen, das keine neuen Menschen mehr will. Es wird schwierig, noch anzuknüpfen, wenn man jedes Wesen ganz anders als früher, wie eine eigene Welt sieht. Früher waren sie ein Spiel deiner Sinne. Der Ernst der Alternden entfernt sie von dir. Nahe wäre nur der Sohn! Sie sah ihn erscheinen, irgendeiner der Hotelgäste verwandelte sich in ihren Sohn, nahm, gut gewachsen, gekleidet und erzogen, den Korbsessel neben ihr und sagte, die Stimme voll einer unbekannten Wärme: „Mutter!“

Der Träumereien ungewohnt, unterdrückte sie anfangs leicht auch diese. Zu wenig Gegebenes entsprach ihr. Wo war der Sohn, und lebte er auch nur? Sie bemerkte, daß sie ihn in der ganzen Vergangenheit eigentlich als tot betrachtet habe. Denn sie brauchte die Unabhängigkeit ihres durchaus berechneten Daseins. Ihre Abenteuer gingen in der Rechnung auf, sie hatte gelernt, auch Abenteuer, die den Kopf kosteten, zum Schluß sich noch dienstbar zu machen. Selbst ihr Prozeß, jener alte Prozeß, ein so schwerer Fehler er sein mochte, hatte sie sozial nur gefördert. Er gab ihr Glanz. Der Glanz überzeugte viele, es sei Ehre, was sie zuerst für Schande gehalten hatten.

Mutterschaft allein hatte sie sich lange nicht erlauben können. Es war das von der Welt ihr schlechthin versagte Abenteuer. Die Welt hatte sich ihr von frühauf durch Schläge auf das gründlichste verständlich gemacht, sie gehorchte ihr blind. Sie hatte ihr Kind vergessen. Seit dem vorigen Sommer aber lebte es in ihr wieder. Jetzt ließ es sich nur noch anfangs verleugnen und nie mehr ganz. Wozu auch? Sie war reich, jetzt konnte sie es haben. Die Welt war jetzt mit ihr im Bunde, sie erlaubte ihr sogar den Sohn, sobald mit einem Sohn das Leben ergiebiger schien.

Dies stand noch nicht ein für alle Male fest. Zurück von der Sommerreise, ließ sie sich Zeit mit allen Schritten. Sie war nicht gewillt,

Geschäfte zu machen, die eher Verlust als Gewinn versprachen. Der ersten, schweren Gefahr, für ihr Kind ein anderes zu bekommen, begegnete sie mit äußerster Vorsicht. Sie hatte nie gewußt, wie die Leute hießen im Haus Berliner Straße, vor dem einst jener Brunnen stand, in das einst jener Mann ging, das Kind im Arm. Sie erfuhr aber, daß es noch immer dieselben waren, daß kein Kind im Hause je erblickt war außer diesem und daß sein Alter stimmte. Dann erst trachtete sie, es zu sehn.

Was sie sah, war ein gewöhnlicher junger Mensch, er machte ihr zuerst noch weniger Eindruck, als sie erwartet hatte. Auf Enttäuschungen war sie gefaßt. Das erträumte Idealbild eines Sohnes, womit dies ganze Abenteuer begonnen hatte, blieb außerhalb ihrer vernünftigen Voraussicht. Wohl aber vermißte sie die halbwegs lebendige Sympathie, etwas, das sie mit weniger Vorsicht hätte Instinkt nennen können. Nicht einmal das. Bei ihrer großen Erfahrung mit Männern fand sie diesen weder rühmlich noch vielversprechend. Er schmeichelte ihr nicht. Er konnte ihr keine Illusionen über sich machen, denn er hatte selbst keine. Er war kein Eroberer, mindestens war schon die Unbefangenheit fort. Nicht viel fehlte, sie hätte ihn gelassen, wo er war.

Er ward erst interessant, als er bei ihr in Spielschulden saß. Wie er sich damals abarbeitete, sie konnte sich nicht satt sehn. Um ihr nichts schuldig zu bleiben, beging er anderswo Kunstgriffe, die schlimmer waren, als nicht zu bezahlen. Er kämpfte unsinnig auf verlorenem Posten und um so wenig Geld. Sie dachte: „Und ich kann ihn loskaufen mit einem Wort!" Das Wort Mutter. Sprich es aus, er ist dein! Nein, doch nicht, dann beginnt erst dein eigener Kampf. Nicht er hat Eroberer zu sein. Du sollst dir deinen Sohn erobern.

Zum erstenmal entdeckte sie Schwierigkeiten, die ihr eigenes Machtwort nicht beseitigen konnte. Es lag an ihm. Er war ein vielfach bedingter, abhängiger junger Mann, vom Leben schon längst in überaus wirksame Schulung genommen. Er hatte nicht darauf gewartet, daß seine wahre Mutter kam. Er würde sie kaum mit offenen Armen empfangen. Seine Arme öffneten sich schwer.

Grade dies begriff sie. Es war das erste, was sie mit ernstem Sinn begriff und billigte. Auch sie hatte Mißtrauen erst erlernen müssen. Sogar Alleinsein kommt erst mit dem ärgsten Gedränge. Er war nicht wie sie, er hatte weniger heiße, trübe Natur zu besiegen als einst sie, bevor er ganz der Welt gerecht ward. Gleichviel, sie erkannte ihn – erkannte ihn von innen her, mit ihrer eigenen frühen Not, mit ihren Eingeweiden; und plötzlich erkannte sie auch sein Gesicht. Sie erkannte den Mund, erkannte die Stirn. Sie fand auf der Kopfhaut das Mal.

Welch einzige Zeit heimlicher Liebe, unausgesprochen, als ob das Kind sie noch nicht verstände. Sie hatte es manchmal neben sich wie in der Wiege. Gleichzeitig war es ein Erwachsener, der zweifelte an ihr. Sie fühlte alles mit, seine Zweifel, Vorbehalte, wann er nur nachgab aus Eigennutz oder höflicher Schwäche und wann er sich hingab. Er ließ sich erobern, er ließ sie seine Zuflucht sein – und behielt als sein eigen doch, was vorher lag, Geheimnisse, die auch hinter ihr noch glommen. Sie sah ihn erwärmt, sie selbst war glücklich. Dies Glück in aller Unerfülltheit, ihr war es lieb. Sie ahnte wohl doch schon, es dürfe ungestraft nicht weiter damit kommen.

Nur war es völlig unvermeidlich, in der Sache mit Geld zu arbeiten, wie sie es vor sich ausdrückte. Was wäre sie für ihren Sohn ohne Geld gewesen? Eine zudringliche Bettlerin. Sie hatte nie vergessen, wie das Leben ohne Geld aussieht. Eher hatte sie ihr Kind vergessen können. Das Leben ohne Geld, sie hatte es als den Zustand gekannt, in dem jeder Trieb gefährlich, die eigene Natur zur Hölle wird, und die Welt peitscht dich nur immer tiefer hinein. Geld dagegen gibt kalte Besinnung, es bereitet unsere Selbstachtung vor. Es ist die innere Erlösung, sofort nimmt auch die Welt ihre schwere Hand von uns.

Reinigung und Freiheit sind Erfolge des Geldes. Sie war völlig überzeugt, daß auch Liebe eine seiner Wirkungen ist. Arme sind noch niemals lange geliebt worden. Sie verachtete die bürgerliche Romantik, die es sich vormacht. Käuflich ist jede Liebe, bezahlt wird jede. Wer sich einst aus Not, grob und unverblümt verkauft hat, bringe es dahin, daß es mit Anstand geschieht, er steige auf zu den ehrenvollen Formen des

Handels ... Hat er aber die unehrenhaften gekannt und an sich erfahren, wie sollte er, selbst zum Käufer geworden, den anderen nicht schonen wollen! Sie hatte Valentin doch geschont. Die Generalin war von ihr keiner unnötigen Demütigung ausgesetzt worden.

Warum Haß? Sie kam als Freundin mit allen gebotenen Rücksichten. Wie viele zarte Umschreibungen für Geldgeschenke bis zum Kauf eines Halsbandes, dessen Echtheit sie lieber ununtersucht ließ. Zu arbeiten war freilich in jedem Fall nur mit Geld. Die Lage der Familie machte es ebenso notwendig wie ihre eigene. Die wirkliche Mutter kann nur mit vollen Händen kommen. Dann aber ist sie die Mutter, sie beweist es. Bei gewöhnlichen Armen wäre sie einfach im Triumph eingezogen.

Hier lag es anders. Diese waren reich gewesen, sie hatten den Luxus feiner Gefühle genossen. Dieses Luxus sich entwöhnen zu sollen erbittert mehr als der Verzicht auf feine Wäsche. Wer näher einging auf die Familie, begriff manches. Nicht nur, daß sie sogar den zartesten Vorwand, Geld geschenkt zu nehmen, noch als grob empfanden. Sie liebten auch Valentin – nicht sehr, aber sie liebten doch, was sie an ihm getan hatten, und die nun schon eingefleischte Selbsttäuschung, als sei er ihr Kind. Vielmehr, nur von der Generalin galt es. Der General war gutgläubig, oder doch fast.

Alles bedacht, alles zugegeben. Baronin Hartmann hatte lange genug an Menschen gelernt, um auch diese zu verstehen. Da aber brach mitten in ihrer reifen Gesittung und Erfahrung eine heiße Stunde an, kein Zweifel kam mehr auf, alle Haltung hatte sie verlassen. Sie war nur noch ein Schrei: „Hin und mein Kind holen! Ich will. Er ist mein. Ich will.“ Wie der Sturm fuhr sie bis unter sein Fenster. Er stieg zu ihr in den Wagen. Sie jagte ihn mit neunzig Kilometer Geschwindigkeit ins Weite, sie sagte kurzweg: „Bleibe bei mir!“ Sie befahl: „Du bleibst!“ Sie bestürmte ihn. Sie drohte. Sie drohte mit dem falschen Halsband. Es sei nicht falsch, behauptete er. Oder doch nur zum Teil, sagte er schon viel leiser.

Erst als er alles, was sie wollte, versprochen hatte, ließ ihre Kraft nach, und sie verzagte selbst. „Ich weiß wohl, daß es nicht so einfach ist.“

Sie jagten unter dem schönsten Frühlingshimmel schon weit draußen an grünenden Feldern hin, durch ein Gehölz, das noch soeben fern geblaut hatte, jetzt aber sich als schütter und feucht erwies. „Es ist nicht, wie man es wohl sieht, solange man noch nicht mittendrin ist“, sagte Valentin. „Wenn ich meine Eltern verließe, ich will sagen, aus der Berliner Straße fort und zu dir zöge – Felicie, hast du schon bedacht, welches Aufsehen?“

Er fühlte sehr wohl, daß sie schwächer ward, er eröffnete sich langsam. „Du willst zu schnell vorgehn, Felicie. Du hast viel Takt, aber wer könnte in dieser Sache genug haben. Du weißt, daß du der Generalin nicht gleich alles ins Gesicht sagen darfst. Im Grunde weißt du sogar, daß man so etwas überhaupt nicht sagt. Von mir aber erwartest du es dennoch. Leugne nicht, Felicie, du erwartest, daß ich mich vor die Generalin hinstelle und sie auffordere zu gestehn. Ist das nicht phantastisch?“

„Natürlich“, sagte sie, „das ist phantastisch. Es ist aber auch phantastisch, daß ich ins Haus wie eine Fremde komme – und was sonst noch alles geschieht.“

Er verstand. Sie meinte das Geld. Sie meinte auch die Prinzessin, aber das erste war das Geld. Lieber hielt er sich noch an das zweite.

„Die Prinzessin – Felicie, wenn du verständest, wie wenig sie dir schadet. Was sage ich, sie nützt dir. Ich kann bei ihr der große Herr sein, nur weil du zu mir gut bist. Du machst mir Mut, es wieder mit einem Menschenkind zu versuchen. Wie werde ich dir, wenn es gut geht, danken“, sagte er mit so sanftem Lächeln. Er bat noch: „Laß mich nicht fallen, wie könnte ich die Arme sonst halten.“

Aber sie sagte gramvoll: „Lüge nicht! Du liebst sie. Ich würde es noch ertragen, aber du liebst sie unter dem Einfluß der Generalin. Sie haßt mich, sie entzieht dich mir mit Hilfe dieses Mädchens.“

Er hätte vieles zu erklären gehabt, sie aber war schon bei dem Präsidenten. Das Ärgste in der Sache war der Präsident. Sie fand keinen Namen für das, was hier geschah – „und ich bin nicht Generalin“. Der Präsident ward ins Haus gezogen und auf das Mädchen losgelassen, auf die Braut des Sohnes! „Ich fürchte ihn nicht“, behauptete Valentin – da fiel auf ihn ein schwerer Blick. „Du hältst ihn für einen Menschen, wie du sie kennst.“ Was er denn sei. „Ein Albdruck.“

Valentin nahm ihre Hand. „Felicie, ich bin dir ergeben, aber du sprichst manchmal aus einer anderen Welt.“

Ihre Hand erbebte, er fühlte es. Sie tat ihm leid, trotz der Befangenheit, die er nicht los ward vor diesem großen Gefühl. „Ich will dir verraten, Felicie, wie es in Wirklichkeit aussieht.“ Ohne abzusetzen: „Die Prinzessin ist arm. Man hat dir das Gegenteil erzählt, aber sie ist arm, und der Präsident, der nur zum besten gehalten wird, soll sie versorgen. So. Mir geht der Atem aus. Und dir?“

Er hob die Schultern, er lachte mit Takt, weder schamlos noch naiv, sie konnte nur mitlachen. Sie sah aber: es ist ein Fehler, als Freundin und mit vollen Händen zu kommen. Beliebter macht es, wenn du, wie Seehase, mit bösen Absichten erscheinst, wofür sie dir dein Geld durch List und Tücke herausziehn. „Auch mein eigenes Kind tut mit!“

Zorn überfiel sie. „Bin ich denn wehrlos? Sie sind nicht einmal gewärtig, daß ich mich wehre.“ Die Stadt war erreicht, sie ließ halten. „Steige aus!“ sagte sie.

Er kam ihrem Befehl nach. Seine Bewegungen betonten, daß er jedem, jedem ihrer Befehle gefolgt wäre. Der Zornigen verschärfte es nur den Eindruck, mit ihr werde gespielt. Sie schlug ihm die Tür vor der Nase zu.

Schon am Abend fand er sich wieder ein. Er hatte zu Hause sofort verlangt, der Präsident solle fortbleiben. Wohlverstanden, er hatte nichts erreicht. Was tun? „Wir sind arm, Felicie, hast du mir nicht gesagt, daß du weißt, was das heißt? Man hat nicht mehr die Wahl der Mittel, selbst Damen nicht – und die Generalin ist doch gewiß die geborene Dame.“

„Du siehst, geboren wird keine“, sagte sie hart. „Damen sind nur wie der Kopf auf den ehemaligen Goldstücken: eine Form des Goldes. Ich merke, daß sogar der eigene Sohn nur solch ein Kopf ist.“

„Es liegt an dir", sagte er, „du willst es nicht anders." Mit den festen Worten, den ersten, die er sie hören ließ, kam ihm auch die Haltung. „Du hättest bei uns nie Geld zeigen sollen. Du hättest mir nichts leihen dürfen. Ganz anders mußtest du es anfangen. Felicie, wärst du doch arm!"

Sie stand betroffen, kein unverhoffteres Wort hätte fallen können.

„Arm –", wiederholte sie. „Als ich arm war, hättet ihr mich –", Handbewegung, er begriff: hinausgeworfen. Aber er sagte mit Anstand: „Nicht gleich verstanden. Nein, wir hätten dich nicht gleich verstanden – aber es schließlich doch leichter gehabt, dich zu verstehn."

„Du weißt nichts", sagte sie schonungslos. „Schweig!" Denn dies war nun die verachtete Romantik, bei ihrem Kinde selbst fand sie das klägliche Wegsehn von den Tatsachen des Lebens. Nur so bekamen alle den Mut, grausam zu sein ... In diesem Augenblick war sie näher als je vor- oder nachher daran, zu sagen, sie habe sich geirrt, sie kenne ihn nicht, er möge gehn.

Plötzlich sagte sie etwas ganz anderes. Sie wunderte sich selbst, wie verschieden es von ihren Gedanken war.

„Ich will die Prinzessin hier haben. Hier bei mir. Mit dir." Worauf er sofort einging. Er war froh, daß sie endlich dasselbe wünschten. Vor Freude umarmte er sie.

„Felicie, du machst zwei Menschen glücklich."

Sie sagte mit ihrem ersten Schmerzenslächeln: „Du ahnst noch nicht, wie sehr. Ich werde euch allein dinieren lassen. Ich gehe ins Theater, ihr sollt das Haus für euch haben."

Tags darauf gab sie alle Aufträge, beaufsichtigte noch die Küche und den Tisch, war aber schon fort, als sie kamen.

Sie saß in der Loge eines Theaters, ohne zu bemerken, was gespielt wurde. Die Prinzessin wurde jetzt von Herrn Tietge, zweifellos mit Zärtlichkeit, in ihren weißen Sessel gesetzt, Valentin von Franz. Bis jetzt saßen sie noch erfüllt vom Gefühl ihrer Würde einander gegenüber. Beide hielten sich aufrecht, sie wirkten unbegreiflich jung. Ja, dies war es, sie hatten Gesichter ganz ohne Hintergrund. Auch Valentin. Sie sah ihn, mit seiner jungen Prinzessin hatte er ein neues Gesicht, nicht das schon erfahrene, schon enttäuschte, das schuldige, mit dem Haß bekannte. Zwischen ihm und der jungen Prinzessin erhoben sich keine Leichen.

„Ich mache ihn älter. Ich kann ihm nicht Mut machen. Mein Geld vergiftet alles, was ich ihm sein will. Wieviel ich auch sonst erkämpft habe, die Jugend liebt ohne Kampf. Er braucht die Prinzessin."

Wobei das Herz sich krampfte. Aber es war die Wahrheit, seine Wahrheit, sehr viel mächtiger als ihre eigene, über die man hinging. „Ich bin eifersüchtig. Auf ihn und sie, auf beide. Sind sie nicht arm? Und werden doch geliebt! Die Prinzessin, die geliebt wird, ist nicht nur arm, sie ist töricht, was weiß sie eigentlich von ihm, was bindet sie an ihn?"

Nicht das Tiefste. Nicht, daß er durch ihre Schuld gelitten hatte, ja, lebte durch ihre Schuld.

Ein Augenblick inneren Verstummens, dann stieg dröhnend der schwere, harte Stolz auf. „Ich aber habe einen Menschen zu verantworten. Mein großes Recht auf ihn ist, daß ich so großes Unrecht an ihm tat. Die Schuld zieht keiner von mir ab, ich kann sie mit Geld nicht bezahlen."

Sie wiederholte nachdrücklich: „Ich kann sie mit Geld nicht bezahlen."

Was sie noch nicht wissen konnte, meldete sich von fern her. „Hätte ich mich arm geschenkt, ich wäre ihm noch immer alles schuldig. Wäre ich tot, ich fände meine Schuld dort drüben wieder, zugleich mit meiner Liebe. Ich liebe ihn. Ich liebe mein Kind, aber es ist schwer, wenn du es ganz begreifst. Hilf mir! Wer hilft mir?"

Sie dachte noch nicht: Gott. Sie fühlte sich, der Demut ungewohnt, mit dem, was ihr geschah, nicht mehr ganz in jetziger Gestalt. Sie war eine andere, war fern, war klein: das Mädchen, das seinen schweren Krug vor der Tür der Bergkirche absetzt, das eintritt und die Knie beugt. Ein Donner hallt, die Orgel. Aber die Kanzel hinan erhebt sich ein Engel. Es ist der junge Pfarrer, einst ein Engel. Er ist es wieder. Sein junges Gesicht!

Baronin Hartmann ward qualvoll zurückgerufen. Ihr ward übel, sie glaubte das Bewußtsein zu verlieren, bis sie merkte, daß sie es im Gegenteil wiederfand. Statt der Orgel brüllte die zuversichtliche Revuemusik, fünfzig scharfe Stimmen auf der Bühne sangen voll Überzeugung mit. Kein Zweifel, dies waren Körper, durchweg Körper. Sie waren teuer, sie waren reich, das Licht ließ sie erstrahlen, immer noch greller, immer noch bunter. Das ganze Haus erkannte auf der Bühne sich selbst, sein bestes Selbst wenn auch fast niemand genug Geld hatte, um so schön zu sein, um dergestalt zu schwelgen im Lebensglanz.

Die fünfzig weiblichen Körper trugen goldene Westen, die funkelten bis um das Kinn. Vom Magen abwärts waren sie vorwiegend nackt. Hundert lange, schlanke Beine auf goldenen Schuhen bewegten sich im gleichen Takt durch die glitzernde Welt des Bühnenbildes. Zum Schluß beschrieben sie einen dreifach gestuften Halbkreis um die drei Hauptpersonen. Dies waren als weibliches Hauptstück die beiden ansehnlichsten unter allen Beinen, als männliches ein junger, gutgewachsener Frack, der Magen hohl, aber die Schultern wie Herkules. Der zweite Frack, ein Greis in mittleren Jahren, war das Opfer, alle zweiundfünfzig graden jungen Körper hatten es unverblümt auf ihn abgesehen. Er heiß Wichtig, sie nannten ihn den alten Wichtig und sangen, mit ihm sei es richtig, er werde bald sterben, es gebe was zu erben. Was Wichtig sogar mitsang. Die ansehnlichsten Beine und der gutgewachsene Frack aber kamen nach vorn zur gemeinsamen Verklärung. Ja, der Scheinwerfer verklärte sie nahezu.

Baronin Hartmann traf zu Haus ein, das Grammophon spielte. Sie zeigte sich nicht, sie betrachtete vom Vorraum her die beiden Jungen, die tanzten. Sie machten es wahrhaftig nicht schlechter als die Erben des alten Wichtig. Übrigens war die Musik die gleiche. Bei näherem Hinhören und nun der gewaltige Lärm abgeschwächt war durch die kleine Maschine, trat das Kindliche der Musik hervor, ein harmloser lustiger Marsch, woraus großer Aufwand motorischer Kraft wer weiß was machte.

Die beiden Jungen setzten die Füße haargenau, obwohl sie manchmal nach Vorschrift zitterten am ganzen Leibe wie elektrisiert. Auch dann noch blieben die Gestalten gestreckt, zwei Arme ausgereckt mit ineinandergeschlungenen Fingern, die Gesichter ernst. Die Jungen waren mit sich allein so ernst und streng, als tanzten sie vor voller Halle um die Weltmeisterschaft. Sie würden die vereinzelte Zuschauerin nicht beachtet haben, auch wenn sie von ihr gewußt hätten.

Die Seele der Zuschauerin erfaßte alles, das süßlila Kleidchen, den stolzen Frack, erfaßte lange Beine, kurze Haare, Gesichter ohne Hintergrund – und den Glanz, den etwas zu lauten Jugendglanz wie von geheimen Scheinwerfern. Sie fühlte: „Nicht daran rühren!“ und fühlte: „Wie schade um sie!“ Sie wandte sich ab.

Da sah sie das Paar im Spiegel des Vorraums vorbeitanzen, sah aber auch sich – sich selbst groß vorn mit dem Gesicht dieses Abends, alles heute abend Erlebten. Ihr ward kalt vor dem Anblick. „Was geschieht mir? Das ist eine alte Frau.“

Obwohl dort immer noch die Schönheit auf dem einzigen, nicht meßbaren Punkt der Reife stand. Aber sie wußte sich unterwühlt. Sie erblickte schon auf der Fassade, was noch nicht nach außen gelangt war. Glatte Stirn, die Haut ohne Makel, und wollte sie es, verstummten die großen Augen. Nur hinter ihnen arbeitete der Gedanke. „Ich hatte lange nichts mehr erlebt, die Fassade ist über die Frist hinaus unberührt geblieben. Das rächt sich jetzt.“

Ihr graute.

Sie vergaß nicht so bald, daß ihr gegraut hatte. Sie wehrte sich gegen Angreifer, der junge Valentin mochte auftreten, die nächsten Tage fand er einfach eine kurz entschlossene gute Freundin, die sich auf Erschwerungen ihres Falles nicht einließ. Er und die ganze Berliner Straße hatten ihre Pflicht zu tun. Baronin Hartmann äußerte Verwunderung, daß ihr Besuch noch immer nicht erwidert worden war. Man schickte ihr Aufmerksamkeiten, Valentin wenigstens behauptete, sie kämen von der Generalin. Einmal erlaubte sich der General, seinen Sohn zu begleiten – worauf sie beide abwies.

Es ward Zeit, daß jemand einen neuen Zug tat, um die Verhandlungen zu beleben. Dies geschah, man verlangte viel Geld von ihr. Dann sollte der ersehnte Gegenbesuch folgen. Valentin sagte es ihr unter ausdrücklicher Mißbilligung des ihm leider erteilten Auftrages. Das Geld war nicht für ihn, noch weniger für die Generalin bestimmt. Es sollte ausschließlich der Prinzessin eine für den Augenblick nachweisbare Mitgift verschaffen, ward aber von den Ergebnissen der Fürstenabfindung zweifellos zurückgezahlt. Ihr Vater der Herzog konnte sich unmöglich weigern, die Schuld seiner Tochter anzuerkennen, wenn noch dazu eine Persönlichkeit wie der General Vogel von Lambart als Geldgeber auftrat. Eine solche Darstellung der Dinge konnte sogar dahin führen, daß der Prinzessin ihr volles Recht ward. Dann war sie reich.

„Dann seid ihr reich und werdet hundert Jahre alt. Das alles ist Unsinn, und niemand glaubt daran", erwiderte sie schroff. Er behauptete freilich, die Generalin sei aufrichtig – mehr oder weniger, gab er zu. „Bedenke, Felicie, wie sehr sie sich hat gewöhnen müssen, von Hoffnungen zu leben, von Illusionen, sagen wir. Sie will dir nicht unrecht tun."

„Nein. Warum sollte sie es wollen. Aber wenn ich eines Tages mein letztes Geld verschenkt hätte, würde sie dann, um das Unglück wieder gutzumachen, sich solche Mühe geben wie jetzt, um es herbeizuführen? Nein, mein Lieber, seine Illusionen bezahle jeder selbst."

Diese Stimme des Geschäftsmannes enthob ihn weiterer Antworten. Er hatte alles bisher einschmeichelnd und mit gemachtem Leichtsinn heruntergesprochen. Auf einmal ward er ernst. „Ich freue mich, Felicie, warum freue ich mich? Es wäre doch nur in der Ordnung, daß wir dich zu schlechten Geschäften bereden. Wo in der Welt geschieht etwas anderes. Dich aber mag ich in solcher Rolle nicht sehen. Ich mag an dir nicht zweifeln", sagte er, die Augen schließend.

Ihr Herz schlug hoch auf. Er liebte sie, er wollte an seine Mutter glauben. Seine wahre Mutter war nicht die Frau, die ihn kaufte. Das Geld, das sie aufwandte, bewies ihm immer nur, daß sie die echte nicht sein konnte. Es verfälschte ihn wie sie. Er war erlöst, da sie nein sagte. Erlöst war sie selbst.

Er verriet einiges von seiner wahren Meinung über die Generalin, so unbefangen trat er auf die Seite Felicies. Ihrerseits traute sie ihm endlich zu, er könne in Sachen der Prinzessin hören, was sie dachte. „Mein Junge!" sagte sie langsam. „Wie kommst du darauf, die Prinzessin zu heiraten? Stellst du dir eine Puppenstube vor? Ich habe euch tanzen gesehn wie Maschinen. Sie ist doch lieb und unschuldig, aber ich sehe immer die Maschine – trotz ihrer veilchenblauen Augen. So sind viele, dabei sind nicht alle Prinzessinnen. Sie müssen an einen Strom angeschlossen sein, der gerade noch ausreicht, sie aufrecht zu erhalten."

Da er genau zuhörte, sagte sie mit um so tieferer Überzeugung: „Sieh mich an! Ich hatte kein Geld, des Geldes wegen mußte ich alles lernen, was sie wollen, daß man lernt. Ich aber behielt doch immer noch mein Herz, mein Blut." Hier bewegte sie sich, wie ihr Herz, ihr Blut sich im Leben wohl bewegt hatten, nicht zart, nicht abgemessen. „Ich wollte noch lieber –" Die gespreizten Finger ihrer beiden Hände stießen hart in die Luft, dann gegen ihre Brust. Er verstand genau. Es hieß: „Heirate eine wie mich, eine arme Arbeiterin, eine Frau ohne Bedenken und anerkannte Sitten – nur nicht die Prinzessin!"

Er saß gebannt, er beugte sich vor. Sein Kopf kam, unwiderstehlich angezogen, ihren Händen nahe – da griff sie nach ihm. „Mein Junge", sagte sie, wie zu ihrem Eigentum. Nochmals „mein Junge" – aber jetzt in seine Haare. Ihr Mund versank, sein soeben noch harter Laut schmolz und ertrank in diesen Haaren.

Valentin schluchzte heimlich auf. Ihn schüttelte ein Sturm von Gefühl, und er gab sich hin, er begrüßte den Sturm. Im Leben ward der innere Aufstand nur immer abgewehrt, er aber ließ ihn bis zum Rausch gehn. Dies seine Mutter! Sie war es so sicher, als er nur seiner selbst war. Seine Mutter war die verdächtige Abenteurerin, vor der man stutzte. Sie war die Arme auf ihrem schlechten, selbstgebahnten Weg. Er glich ihr, auch sein Geschick war außerordentlich – ja, sie machte ihn seiner selbst doch wieder bewußt. Sie übertrug ihm ihre Kraft, das Leben zu bestehn. Daran erkannte er sie – überglücklich, weil er nie, nie mehr an ihr, an sich zweifeln konnte. Er stammelte, und auf ihre Hände stürzten seine Tränen:

„Verzeih mir! Verzeih mir, daß ich lau war, daß ich zurückhielt. Längst hätte ich vor meiner Mutter so daliegen sollen.“

Er lag auf den Knien, die Stirn gegen ihre Knie.

„Ich habe in mir dein Leben“, stammelte er, „ich bin namenlos stolz darauf. Ich will endlich deiner würdig und Mann werden. Kämen wir doch in Gefahr, damit ich es dir beweise! Für dich verlasse ich alles. Nimm mich auf!“

„Kind! Mein Kind!“ Sie wollte seinen Kopf aufheben, aber er hing an ihren Knien wie an der Zuflucht. Da ließ auch sie sich hingleiten, jetzt knieten sie voreinander.

„Endlich“, sagte sie. „Es war schwerer als alles andere bisher.“

Er hörte nicht, er sprach mit ihr zugleich. „Ich verlasse alle, auch die Prinzessin.“

„Ich nehme an“, sagte sie stark. Sie küßte ihn und stand auf. Er folgte ihr. „Gib mir ein Zimmer für die Nacht! Ich gehe nicht mehr zu den andern.“

Sie wandte sich um. „Im Gegenteil! Du schläfst auch diese Nacht noch in ihrem Hause, und morgen sagst du ihnen allen ins Gesicht deinen Entschluß. Unseren Entschluß.“ Auch an diesem Ton erkannte er sie.

Sie wollte um ihre Rache nicht kommen. Ihr Triumph sollte unbezweifelbar sein. Bedingungsloses Zerreißen der Familie, alle Hoffnungen auf Ausbeutung niedergeschlagen, in das Elend mit ihrer Feindin, der Generalin – sie gab nichts nach, auf Mitleid hatte bei ihr niemand zu rechnen, auch ein hilfloses Kind nicht. Dem Verlobten der armen Prinzessin ward weh und angst. Was sollte aus ihr werden. „Aus uns“, hauchte in ihm eine verstörte Stimme, die er schweigen hieß.

Er ging, sie glaubten alles geregelt. Valentin hatte versprochen, morgen mittag wieder dazusein, er sollte sein Zimmer beziehn. Gleich jetzt, trotz später Stunde, gab sie den Auftrag im Haus. Sie war so glücklich, daß sie nicht gern schlafen, kein Glück durch Schlaf versäumen wollte. Dies war der Augenblick seiner Übergabe. Was immer kommen sollte, sie hatte diesen Augenblick.

Aber es hatte Kraft gekostet, sie war müde. „Ich werde von ihm träumen."

Wirklich träumte sie von ihm – es geschah aber im Gerichtssaal. Er war im Zuschauerraum auf der höchsten der ansteigenden Bänke, sie wußte es, ohne daß sie ihn fand. Sich selbst fühlte sie drunten vor den Richtern. Betrieben wurde das Verderben des Mannes auf der Bank der Angeklagten, ihres einzig Geliebten, der sie hatte verlassen wollen. Sie dachte: „Was geht es das Gericht an! Er wird gefürchtet und geliebt, ihm widersteht keine. Er hat für alle nur Verachtung, ich allein bin seine Gefährtin, die Gefährtin des Spielers. Wir spielen, wir reisen, spielen, sind immer in Gefahr – ich, die aus den schlimmsten Abenteuern doch schon heraus und auf bestem Weg zur Anständigkeit war. Aber ihn fand ich, ihn liebe ich, das ist meine Sache. Ob er mich bestiehlt und verläßt, er bleibt der einzige seit meiner dunkelsten Jugend, dessenwegen ich mich vergessen mußte. Es geht nur mich an, nicht Sie, meine Herren!"

Da winkte aber der Vorsitzende des Gerichts den Zeugen herbei. Der Zeuge trug eine verschlossene Schmuckschatulle. Er selbst war ohne Hemdkragen, auch schien er ohne Augen. Seine grauweiße Stirn, fleischig, schräg gefaltet, beweglich wie ein Tier, sprach von Sorgen und von Grausamkeit. Er setzte die Schmuckschatulle ab, er streckte schmutzige Krallen hin, um seinen Angeberlohn zu fassen. Er war der Spießgeselle ihres eleganten Geliebten, hatte ihn ertappt über Vorbereitungen zur Flucht, er brachte der Geliebten, die verlassen werden sollte, ihren Schmuck zurück.

Die Träumende versuchte zu schreien. Erst jetzt begriff sie: dies war ihr alter Prozeß. Sie selbst – sie selbst hatte ihren einzig Geliebten angezeigt. Das Schlimmste kam zutage, und ihr eigenes Kind sah zu. Denn es war zugegen, sie fand es nur nicht. „Mein Kind! So ist es nicht gemeint. Glaube es nicht. Ich will ihn nicht verderben. Seine Flucht war es, die mich von Sinnen brachte, nicht, daß er den Schmuck nahm. Ich habe ihn nur zu sehr geliebt, für ihn gäbe ich alles, was soll mir der elende Schmuck, der falsch ist. Ja, falsch. Er selbst wäre der Betrogene, er wird mich im Ernst nicht verlassen wollen. Verlaß mich nicht, mein Kind!“

Denn auf einmal ward es klar, daß ihr einzig Geliebter Valentin selbst war. Seine Züge trug er. Auch auf die Knie wäre er gesunken, nur packte ihn der Gendarm. Sie wollte hin, war aber in Todesangst auf diesen Fleck gebannt, indes die Stimme des Richters entschied: „Sie bleiben und lassen ihn gehen!“

So sagte der Richter: „Was wollen Sie von ihm? Er ist nicht Ihr Gefährte. Hier haben Sie Ihren Gefährten.“ Er wies auf den Zeugen ohne Hemdkragen. „Das ist das Verrätergesicht, der natürliche Verbündete der Frau, die ihren einzig Geliebten vor Gericht zerrt. Nehmen Sie ihn sich, zusammen bringt ihr es weit!“ Womit der Richter sie beide, ohne sich aber selbst zu rühren, gegeneinander bewegte. Schon streckte der Elende die Krallen nach ihr aus. Der Wulst des Stirnfleisches hob sich, steinharte Augen gingen auf.

Sie fuhr zurück, ihre Blicke rangen notgepeitscht um ein rettendes Gesicht. Ihr Geliebter hielt vor seines die Hände. Da entdeckte sie auf der höchsten Bank den Besten von allen, einen Engel vom Himmel, den jungen Pfarrer ihrer Kindheit, der sie schon in ihrem Dorf errettet hatte von der ersten Verzweiflung. Er war so schön wie je die erste Liebe, nur sah sie jetzt, daß er ihr eigenes Kind war. „Valentin!“ rief sie. Keinen Augenblick wunderte sie sich, daß ihr eigenes Kind mit dem jungen Pfarrer wie mit ihrem Geliebten eins war. Der junge Pfarrer rief von oben: „Marie!“ Er rief „Marie!“ wie je, als sie ihn liebte. Er allein hatte sie so genannt. Er reckte die Arme nach ihr, wie sie nach ihm, nur daß viele dazwischen waren. Es wurden immer mehr, Zuschauer, Bewaffnete, Richter, alle verbündeten sich, um sie zu trennen von ihrem Kind – indes der verbrecherische Zeuge die Krallen schon um ihren Hals spreizte, sie selbst aber wie gelähmt nur wartete, was kam ... Hier erwachte sie.

Frühmorgens rief sie Valentin an. Sie sei ermüdet, er möge noch nicht kommen. Statt seiner erschien der Präsident.

Er erschien in ausgewählter Eleganz und mit Sitten von verlorengegangener Vornehmheit. Er blieb, als sie sich gesetzt hatte, noch während mehrerer Sätze vor ihr stehn. Er fiel ihr nicht ins Wort. Er bewunderte, womit sie sich umgab und was sie äußerte. Erst als sie ausdrücklich fragte, was er wolle, brachte er einen Brief hervor. Sie hatte so lange nicht gefragt, weil sie seine Absichten fürchtete, wie nichts auf der Welt. Wirklich erkannte sie auf dem Brief die Schrift Valentins und den Namen der Prinzessin.

„Seehase", sagte sie vor Angst, „den Brief haben Sie gestohlen."

Ihn verließ der feine Ton nicht. „Ich habe mich, vielleicht zum Schaden meiner Gesundheit, daran gewöhnt, der Prinzessin meinen Morgenbesuch zu machen."

„Ob Sie sich schaden! Neulich Ihre Ohnmacht!"

„Die Generalin läßt mich vor, weil ich kleine Aufmerksamkeiten bringe." Er lächelte duldsam. „Heute nun, Frau Baronin, was glauben Sie, daß die Prinzessin heute morgen in meiner Anwesenheit auf silbernem Brett und mit Verbeugung vom Diener überreicht bekommt? Die Leute haben Diener", sprach er beiseite.

„Was sagte ich, gestohlen" – womit sie nahm und las. Valentin schrieb der Prinzessin, daß er nur vorläufig genötigt sei, das Haus zu verlassen, in dem er sein Liebstes wisse. Sie las nochmals, „mein Liebstes". Er schloß: „Ich werde dir alles erklären. Wir werden dennoch glücklich werden."

Sie zerriß den Brief. „Es bedeutet nichts", sagte sie. Der Präsident sagte höflich: „Wie Sie wünschen."

Er atmete ein. Hierauf mit großer Schonung: „Ich gestehe meine Schwäche, ich bin an der Prinzessin interessiert. Sie, Frau Baronin, haben nicht weniger Interesse für den jungen Mann. Wir haben schon so viel geleistet für die beiden Kindchen, jeder für seins, daß es kein Wunder wäre, wenn wir uns gemeinsam zur Wehr setzten gegen ihre Verrätereien."

„Verrä –" Sie fuhr vom Stuhl auf. Schon die ganze Zeit schien ihr Angsttraum ihr weiterzugehn.

Er war sogleich mit aufgestanden. Er erschrak vor ihr. „Unbesonnenheiten, wenn Sie lieber wollen. Unbesonnenheiten."

Sie stand drohend da. „Das Wort mußte fallen", sagte sie. „Als Verräter habe ich Sie damals kennengelernt. Wissen Sie noch?"

Er schwieg, nur seine Falten sanken tiefer.

„Wissen Sie noch, Seehase?" Mit Nachdruck: „Sie schickt Gott! Grade heute mußte ich es Ihnen vorhalten. Sie haben mich damals um mein Glück betrogen. Brachten mich dahin, daß ich gerichtlich vorging gegen den einzigen, den ich liebte, und nahmen noch Geld von mir! Ich haßte ihn aber nur, weil er mich betrog, nicht wegen des Schmuckes. Begreifen Sie doch! Nicht wegen des Schmuckes!"

Er sah mit Bedauern zu, wie sie sich aufregte. „Es wird sein, wie Sie sagen", erklärte er. „Jedenfalls ist es sehr lange her, ich hatte alles vergessen. Sogar Ihr Gesicht, Frau Baronin – obwohl Schönheit unvergeßlich sein sollte." Er bewegte würdig die Hand. Sie reckte sich.

„Wenn es hundert Jahre her wäre! Bei der Generalin habe ich Sie wiedererkannt." Es klang wie das Gericht. Er flüsterte:

„Ich Sie auch, Frau Baronin. Ich gebe sogar zu, daß meine Ohnmacht nicht nur auf Rechnung der Prinzessin kommt."

„Sie sind erkannt, Seehase. Begreifen Sie, was das heißt? Sie stehen nicht mehr als Präsident da. Ihr neuer Tanzanzug fällt in Lumpen von Ihnen weg. Sie haben keinen Hemdkragen."

Er war ergriffen, er ward kleiner, womöglich wäre er zu seinem Schatten hingeflossen.

Da sie ihn schon für besiegt hielt und von ihm fort in andere Luft trat, erholte er sich. „Sie irren", vermochte er zu sagen. „Für mich arbeitet ein englischer Schneider, der in Frankreich sein Geschäft hat. Korrektheit, gemildert durch Anmut, das ist sein Schnitt, wie Sie feststellen können. So, liebe Freundin, steht es mit uns auch sonst."

„Sie sind korrekt und anmutig?"

„Hauptsächlich Sie, Frau Baronin. Vergessen Sie ganz, daß unsere Laufbahn Ähnlichkeiten bietet?"

Sie hörte nicht. „Ich kenne Sie anders, Seehase, als Sie heute tun", behauptete sie.

Er sagte in Pausen: „Tun? Dann tun wohl auch Sie nur und sind heimlich gar nicht die Baronin? Nein, verzeihen Sie, natürlich sind Sie es. Ich aber, warum sollte ich eher der sein, der ich vor zwanzig Jahren war, als der Präsident? Gewesen ist gewesen, und es wäre noch leicht und einfach, hätte man unter den überwundenen Stufen nur den Mann ohne Hemdkragen. Es sind ihrer mehr. Ich will nicht einmal sagen, daß sie abgetan wären. Sie sind zur Disposition gestellt. Dort wollen wir sie lassen. Es hätte keinen Sinn, sie zu erwähnen, wäre nicht die Ehre des Gesprächs mit Ihnen, Frau Baronin."

Der Präsident hatte seine Haltung wieder. Er stützte sich, wie sie wohl sah, auf die große Achtung, die er, von Zwischenfällen unbeeinflußt, ihrer Person erwies – und dann auf sein unbefangenes Denken. Er zweifelte an sich, da kann man sich viel erlauben.

Ihr nahm er den Mut, noch anzugreifen. Sie blieb ratlos, bis er weitersprach.

„Allzu deutliche Erinnerungen sind kein gutes Zeichen", sagte er vorsichtig. „Darf ich Sie warnen, als alter Bekannter? Sie sind in begreiflicher Erregung dank den Stückchen der jungen Leute. Mir selbst wird mein Hemdkragen eng. Wir werden angeführt, Frau Baronin. Dies Wort will ich wählen. Wir schwindeln nicht mehr. Jetzt schwindeln andre."

Sie versuchte abzuwehren. „Sprechen Sie gefälligst von sich allein!" Aber sie hatte schon nicht mehr das Übergewicht.

„Wir sind solidarisch, Frau Baronin“, sagte er bestimmt. „Man lebt von Ihrem Geld, man läßt sich von Ihnen sogar ins Haus nehmen wie das eigene Kind.“

Sie rief, aufflammend: „Er ist mein Kind!“

Gleich darauf bereute sie. Es war zwecklos, denn Seehase lächelte gewitzt. „Kenne ich“, sagte er. „Mein Kind ist die Prinzessin ... Machen wir uns nichts vor!“

„Schweigen Sie!“ rief sie. „Sie kennen die Unschuld nicht.“

„Aber Sie“, sagte er entgegenkommend.

Sie schüttelte die Hand mit den Ringen. „Ich liebe rein.“

„Ich nicht schmutzig“, behauptete er. „Schon weil es das letztemal ist. Bin ich dann fort, verklärt mich vielleicht sogar Erinnerung. Denn die Prinzessin wird nach mir reich sein. Vorläufig aber ist es geboten, daß sowohl sie wie der junge Mann an Geldmangel leiden. Sonst scheitern unsere Absichten, Ihre wie meine.“

Er sprach geschäftlich. Es war der Ton, auf den es jedenfalls hinauskommen mußte. Hier aber demütigte er sie, noch dazu war sie wehrlos. Hatte sie sich nicht geweigert, Geld zu geben für die Prinzessin? Hier ward nur unbeschönigt ausgesprochen, was sie tat. „Ich will es nicht wissen“, murmelte sie, auf den Stuhl fallend.

Er stand vor ihr, über ihr. Sie murmelte: „Ich, seine Mutter!“ Wen beschwor ihr Gemurmel? Über sich fühlte sie die Gestalt. Die Gestalt sagte ungedämpft: „Frauen, die lieben, verlieren den Kopf, sogar Sie. Geben Sie dem Jungen kein Geld mehr!“

Es war ein Befehl, aber er kam nicht von der Gestalt, er kam aus ihr selbst. Über ihr der Versucher prüfte sie nur, sie war daran, zu erliegen. „Wie, wenn ich gar nicht seine Mutter wäre?“ Ihr Denken hielt an, sie fühlte den Abgrund. Nur fort vom Abgrund, noch lieber das Gesicht über ihr. Sie sah auf.

Sie sah den Geschäftsmann, der abschließen wollte – keinen Teufel. Dieser hatte gelernt, Rechte anderer mit zu beachten, ja, manchmal nachzugeben. Wo seid ihr Zeiten ungehemmter Triebe. Er war belehrt. In seiner Grausamkeit waltete Skepsis. Vereinigt wurden beide von seiner Krankheit. Seine Miene sagte ihr, daß sie sich verstanden wie alte Brüder, sie sollte sich nicht sträuben.

Übrigens war er ihr verbunden durch jenen Richterspruch in ihrem Traum. Er ließ sie nicht, denn ihre Vergangenheit war unverlierbar, sie erfuhr es hier.

Das Atmen verging ihr. Da hörte sie, auch wie im Traum: „Marie!“ Der junge Pfarrer – er rief nochmals, jetzt war er der Sohn und rief nach der Mutter, rief „Mutter Marie!“

Sie stand auf. Ihr Gesicht, auf dem der Gegner so viele Abschnitte eines unglücklichen Kampfes verfolgt hatte, trug auf einmal fest und still den Sieg. Worte waren unnütz, er sah sie nur an und wußte, er habe verloren. Er verbeugte sich, er ging.

Sie schrieb an Valentin:

„Mein Kind!

Du sollst Dein Zimmer in meinem Hause nicht beziehn. Deine Verlobte bekommt von mir das Geld, das ihr nötig ist. Denn ich bin Deine Mutter!“

Fünftes Kapitel

„Allzu deutliche Erinnerungen sind kein gutes Zeichen“, hatte der Präsident ihr gesagt. Offenbar sah er es ungern, daß sie sich seiner in der Rolle des Mannes ohne Hemdkragen entsann. Aber sie fühlte sich von ihren Erinnerungen wirklich bedroht. Ihre Vergangenheit war bis jetzt doch wesentlich getrennt gewesen von ihrem anerkannten Leben, war versteint und kalt dort hinten zurückgeblieben, indes sie selbst hier atmete. Sie bemerkte zu spät, daß es anders nicht sein darf: die Gegenwart im Licht, und von allen Seiten begrenzt Schatten sie. Statt dessen entsteht dort hinten jetzt Halbdunkel, Gestalten stapfen hervor. Sie war nicht mehr allein, ein Vorhang konnte sich immer heben. Man sah ihr zu, wer bleibt da unbefangen.

Sie führte selbstvergessen in ihrem Winkel ein Gespräch mit einem, der vor mehr als dreißig Jahren in Abgründen der Gesellschaft verschwunden war. Aufschreckend schlich sie sich dann an die Türen, ob jemand horche. Schauer durchliefen sie langsam, und umfaßt von Kälte, mußte sie suchen, wahrhaftig suchen, wer sie war, Dame, Kapitalistin, an internationalen Unternehmungen beteiligt, ein Mitglied der guten Gesellschaft, in allem nüchtern und über der Lage. Was war dazwischengetreten, warum zitterte die Weltdame? „Ach! Ich zittere um mein Kind.“ Erst die Wiederkehr des Kindes hatte das andere erhellt. Von dem Blut, das sie dem Kinde gab, leckten die andern. Die Not um das Kind machte sie schwach gegen längst Vergessene. Sie hatte nun Gewissen, denn sie wußte um das Kind.

Zwei Tage lang zwang sie sich, ihn nicht kommen zu lassen. Dann meldete er ihr aber, daß seine Eltern die Absicht hätten, ihren Besuch zu erwidern. Er sagte: seine Eltern, als hätte sie noch nicht deutlich genug gefühlt, daß er schon wieder ferner war. Sie hatte das Geld angewiesen. Er hing am Telephon, er fand kein Ende mit Dank und Schmeichelei, aber er sagte: seine Eltern. Da ward ihr gegeben, statt seiner wirklichen Worte andere zu hören. Es war der junge Pfarrer aus ihrem Traum. Er war eins mit ihrem Sohn, war der Sohn. Mit der Stimme des Sohnes, wie in ihrem Traume, rief er „Mutter Marie!“

Für denselben Nachmittag hatte sie die ganze Familie gebeten. Sie sah der Stunde zuerst mit Verwirrung entgegen. Sich ihm zeigen nach dem Erlebten, der scharfäugigen Generalin die Spuren zeigen! Mit aller Kunst stellte sie ihr Gesicht wieder her – gleichviel, dies war nicht mehr das Gesicht der Gesättigten, Gesicherten. Das blieb unwiederbringlich, die unruhigeren Gedanken schufen sich schon ihr erregtes Gesicht, so viel zarter, so viel matter. Dies sind Augen, die Uneingestehbares miterlebt haben, daher in der Abwehr, voll flüchtiger Reize – sogar vor ihrem

Spiegelbild. „Ich werde mager!" Welch eine Überraschung! „Das Gesicht ist schmaler, aber auch die Figur. Was fehlt noch, ich kann es mit der Prinzessin aufnehmen."

So zog sie das Kleid an, das sie am meisten entblößte – in der Hoffnung, innere Blößen leichter verdecken zu können, und ihren Gästen trat sie lebhaft entgegen. Das erste Wort der Generalin war denn auch: „Sie werden jünger, Baronin."

Die junge Prinzessin küßte ihr die Hand. Baronin Hartmann umarmte sie, sie fragte leise: „Auf wann die Hochzeit?" Die Prinzessin antwortete nur mit ihrem schönen Blick. Merkwürdigerweise tat die Generalin, als habe sie nichts gehört – indes dem jungen Valentin die Verlegenheit unverkennbar auf der Stirn stand. Was bedeutete dies?

Der General aber nahm den Professor beim Arm. „Sie müssen wissen, Baronin, daß der Professor gegenüber dem herzoglichen Hause eine stille Hochzeit wünscht. Er denkt an eine Trauung fern von Berlin – im Sommer, vielleicht in einem Seebad."

„Ah!" machte sie und sah den Professor an, den seine eigenen Absichten offenbar in Erstaunen setzten. Die Generalin ging beiseite, durch das Lorgnon schätzte sie die Einrichtung ab. Ihr Gatte hatte ihre Anweisung befolgt.

Sie war nicht ohne Unruhe, denn der große, von Baronin Hartmann angewiesene Betrag, der für die Prinzessin hätte sichergestellt werden sollen, war Gläubigern in die Hände gefallen, nur wenig konnte gerettet werden. Was tun? Ähnliche Mittel nochmals verlangen! Da war die Generalin in der Not auf den Gedanken verfallen, eine Villa in Heringsdorf zu kaufen. Der Trauung der jungen Leute als Gast des neuen Hauses beiwohnen zu dürfen, von Baronin Hartmann war zu erwarten, daß sie dafür sogar das Haus bezahlte. Nach der Hochzeit konnte man es einfach wieder verkaufen.

Die Generalin weihte ihren Gatten nicht vorzeitig ein, er hätte sie kaum begriffen. Sogar Valentin, dem sie ein Wort hatte sagen müssen, trug Bedenken wegen der Transaktion. Wenn die Generalin ihn und den

General sah, ward sie noch stolzer auf ihr Schollendorffsches Erbe. Was dieses Geschäft von denen älterer Schollendorffs vielleicht unterschied, betrachtete sie als zeitbedingt. Die Erfordernisse dieser Tage traten an sie, Ina Schollendorff, heran. Sie selbst hielt ihnen achselzuckend stand – nur besorgt, man könnte bemerken, daß sie im Grunde viel zu vornehm blieb für den Wettbewerb, in den sie gestellt war.

Die andern unterhielten sich lebhaft, die Stimme der Baronin Hartmann klang erregter als sonst. Einen Augenblick stand sie Schulter an Schulter mit der jungen Prinzessin – unter ihrem eigenen Jugendbilde. Sie forderte kühn den doppelten Vergleich heraus, was aber für sie ausschlug, den Herren war es anzusehn. Sogar Valentin! sah die Generalin, sie wußte noch nicht, was davon zu halten sei. Mit dieser Frau war voraussichtlich trotz allem nicht leicht fertig zu werden. Sie blieb gefährlich, noch wenn sie zahlte ... Der Generalin ging klar auf, daß es sich um Fertigwerden handelte. „Sie darf nicht mehr Zeit haben, gegen mich vorzugehn, dann wäre ich verloren, es ist zu weit gekommen. Sie muß früher fallen."

Aus der lachenden Gruppe löste die Frau des Hauses sich. Sie begleitete den Teewagen, den Herr Tietge neben die Generalin schob. „Frau Generalin, liebe gnädige Frau, verzeihen Sie mir nur heute den schlecht servierten Tee. Wir setzen uns nicht einmal, die jungen Leute wollen tanzen."

Die Generalin hielt in Händen zwei goldene Dosen. Sie waren gleich, nur daß die kleinen Rubine, die sie zierten, auf der einen F, auf der anderen L zeichneten. Der Blick der Generalin fragte zu deutlich, Baronin Hartmann mußte erklären. „Das ist von zwei Freunden, aber sie teilten sich meinen Namen. Der eine nannte mich Feli, der andere Lissy."

„Und Sie heißen?"

„Marie", sagte sie, bevor es bedacht war. Hier ward ihr bewußt, daß sie errötet der Generalin Rechenschaft gab. Kalt und knapp schloß sie: „Aber so heiße ich nur für mich." Womit sie sich abwandte.

Da mußte sie sehn, daß aus dem Kristalltischchen, über das Valentin und die Prinzessin Schläfe an Schläfe gebeugt standen, der rote Schein brach. Der Rubin! Valentin hatte die Feder spielen lassen, er kannte den Griff! Schon näherten sich General und Professor, auf der anderen Seite senkte die Generalin ihre große blasse Nase in das Licht des Steines. Valentin machte ihnen die Angaben über seine Herkunft und Geschichte. Er brauchte ihre eigenen Worte. „Den Leutenberg galt er als Talismann. Die neue Besitzerin denkt vernünftiger“ – wobei Valentin ihre Augen suchte, denn er hatte abzubitten, er verriet sie. Sie stand verlassen, verraten.

„Sie hat ihn nur bekommen, weil sie katholisch ist“, selbst dies sagte Valentin noch, da war sie zu sich gekommen, sie ließ das Grammophon spielen. Sofort umfaßten die jungen Leute einander. Hoch aufgerichtet tanzten sie ernst und genau, ihr Anblick war verläßlich wie sonst nichts Organisches, er befriedigte. Ihnen selbst konnte unmöglich mehr zu wünschen bleiben. Man versammelte sich um sie, Baronin Hartmann konnte ungesehn ihren Rubin verstecken.

Als sie sich setzte, kam der General zu ihr. Er begann sofort, ihr Angenehmes zu sagen – über ihr Haus, ihre Person, ja, daß ihre Atmosphäre verjünge. Sie erwiderte herausfordernd, daß sie wisse, wieviel er träume. Er möge sich eine junge Freundin nehmen. Darüber ward er rot, sein Kopf lag schiefer ... Plötzlich gestand er alle seine Unruhe. Er suchte, so gestand er, und wußte nicht, was. Er trat in ein gewisses Alter wie in unbekanntes Gebiet, alles ward neu, die Sorgen, der Eindruck der eigenen Persönlichkeit, vor allem das Pflichtgefühl.

Baronin Hartmann ließ hier sein Gesicht los. Sie sah vor sich hin. Sie schwiegen. Die Generalin beobachtete sie – obwohl sie außerdem sowohl dem Tanz der Kinder zusah wie auch den Wert des Eßzimmers abschätzte.

Der General sagte, den Kopf schief: „Die größte Frage wird jetzt aus den Kindern. Man weiß nichts. Nicht, wer sie sind. Nicht, was für sie zu tun.“

Sie sah langsam auf. „Doch“, sagte sie. „Ich weiß es.“

Er trat um einen Schritt zurück, aus Erstaunen oder um sich in Sicherheit zu bringen.

Gleich darauf zog er es vor, leichter zu werden. „Mein Freund, der Professor, löst die Rätsel auf seine Art“, meinte er achselzuckend. „Er hat aus der Prinzessin, die ihn nicht das geringste anging, sein eigenes Kind gemacht. Da er aber immer noch, wie Sie sagen, träumte, hält er sich ein zweites kleines Mädchen zu anderem Gebrauch – zu ganz überraschendem Gebrauch.“ Er sagte ihr etwas ins Ohr, sie lachten.

„Er erzählt Ihnen das?“ fragte Baronin Hartmann.

„Doch nicht. Aber ich trieb kürzlich Nachforschungen in eigener Sache. Da fand ich nur, was ich nicht suchte.“

Sie sagte: „Ihr Freund folgt jedem Schritt der Kinder. Tanzt er nicht selbst?“ Sie ging zu dem Professor. Nein, er tanzte nicht. Aber Valentin, der gehört hatte, ließ die Prinzessin los und umfaßte Baronin Hartmann. Die Generalin war es, die ihnen das Grammophon aufzog.

Die Generalin sah mit tiefer Freude, daß Baronin Hartmann schlechter als die Prinzessin tanzte. Im Match vor gefüllter Halle wäre sie glatt abgefallen, die Generalin machte die Feststellung im Sinne Valentins. Er führte seine Tänzerin korrekt, glich ihre Fehler aus, ohne daß sie es merkte, aber nicht im mindesten ging er auf ihre Absichten ein, die eher gefühlvoller Art waren. Sie suchte durch Hingabe zu erreichen, was ihre Kunst nicht vermochte. Dafür war Valentin, bei aller seiner Weichheit, nicht zu haben. Die Generalin beurteilte ihn einfach. “Im Zweifel ist er für die bessere Tänzerin. Die Prinzessin hat nichts zu fürchten.“

Neu blieb nur, daß Baronin Hartmann den Vergleich mit der Prinzessin suchte. Soviel dies an weiteren Entwicklungen auch versprach, die Generalin schloß zunächst das eine, daß es an der Zeit sei, die Heringsdorf er Transaktion zu besprechen. Auf das Wort Transaktion legte sie Wert. Sie wartete gespannt, daß der Tanz ende. Statt dessen verlängerte der General ihn, er forderte die Prinzessin auf. Er tat es, damit Baronin Hartmann weniger kritische Zuschauer habe, die Generalin erkannte auch dies. Um so unerbittlicher wurden ihre geschäftlichen Absichten.

Valentin erlaubte sich über die Schulter seiner Tänzerin in Richtung der Generalin einen Blick, der ihr ziemlich alles zugab, was sie von ihm und der Lage dachte. Sie durchschaute Valentin, den General, schon längst den Professor, bald restlos Baronin Hartmann. Der General, der sich einbildete, unentdeckt zu bleiben auf seinen Abwegen! Der armselige Schulmeister, der in seinem Doppelleben gleich bis zur Peitsche ging! ... Das bittere Leben hatte die Generalin gelehrt, daß jedes Dasein einen Abgrund barg, noch das klarste ward von dorther verdunkelt. Wie wäre man Gegnern sonst beigekommen. Einblicke machten gefürchtet, sie wurden die Waffe einer vom Schicksal ungerecht Benachteiligten. Der Präsident sogar, einst Schrecken der Generalin, fürchtete jetzt sie.

Übrig war die junge Prinzessin, noch gestern das einfältige Kind, dessen ihm selbst unbekannte Innenwelt die Generalin bis jetzt stolz übersehen hatte. Seitdem auf vernünftig nicht erklärbare Art der Verstand der Prinzessin erwacht war, spürte die Generalin dort den Widerstand, den die Persönlichkeit leistet. Jenes Wesen, das ernst und stumm hier Bewegungen machte wie aufgezogen, konnte zur Gefahr werden, denn es hatte Tiefen. Die Generalin versprach sich, sie auszuheben, sie unschädlich zu machen. Nur wer von ihr beherrscht ward, konnte sie nicht schädigen. Auf ihrem Herzensgrunde war die Generalin gegen alle in Abwehr. Sie blieb überzeugt, in der Welt, wie sie letzthin sie leider kennengelernt hatte, noch immer schlecht wegzukommen, sogar bei ihren Geschäften mit Baronin Hartmann.

Als der Tanz endlich aus war, forderte die Generalin ihre Gegnerin auf, ihr das Haus zu zeigen – in einem Ton, daß die Besitzerin erschrak und sich beeilte. Die beiden Damen verließen die Gesellschaft. Aber schon im Schlafzimmer der Hausfrau machte die Generalin halt. Ohne Umschweife begann sie. Das Schlafzimmer mit seiner Pracht, dies goldglänzende, niedrige Bett voll quellender Seide erbitterten sie. Diese Luft der erfüllten Wünsche schrie ihr zu, wie klein und ungewiß jeder Vorteil blieb, den sie selbst so schwer erkämpfte.

Im Salon drehten sich schon wieder Valentin und die Prinzessin. Sie setzten die Füße genau aneinander, nichts in Zeit und Ewigkeit konnte sie ablenken. Der General sah seinen Freund den Professor in dies Schauspiel tiefer versunken, als natürlich schien. „Sie sind traurig, lieber Freund?“ fragte er ihn.

Der Professor, ohne den Blick von dem Tanzpaar zu trennen: „Ich bestaune die Nichtigkeit menschlicher Vernunft.“

„Ihrer eigenen?“

„Meiner eigenen. Die Prinzessin tanzt. Mich hat sie niemals ganz verstehen können, obwohl ich doch meiner Intelligenz das Äußerste abgewann an Erfahrung und an Opfermut, um die ihre zum Leben zu erwecken. Seit einiger Zeit nun beobachte ich wirklich ihr Erwachen. Aber ich habe schärfsten Verdacht, daß keineswegs meine erzieherische Vernunft, die noch so herrliche Kraft meiner Vernunft es bewirkt hat – sondern der Tanz.“

Der General zuckte auf. Er hatte sagen wollen: „Liebe! Nicht Tanz, sondern Liebe!“ – bemerkte aber gerade noch, daß der Freund seine Gründe haben mußte, dies nicht zu sehn.

Der Professor, immer an dem Tanzpaar hängend: „Der Mensch taugt für die Verrichtungen der Glieder und der Sinne. Er ist nicht ausgestattet für Erfolge des Geistes, denn er liebt zu wenig den geistigen Gewinn, ist zu sehr geneigt, jeder Leidenschaft, die ihn anfällt, sein bißchen Denken preiszugeben, schläft auch zu viel. Er ist als Geisteswesen nur halb gelungen. So ist er, seit man ihn kennt, und wird immer so bleiben. Wer auf sein Wissen und Gewissen zählte, wäre schon betrogen. Die arme Menschheit ist verurteilt, ihre Übel, die alle vom schwachen Geist herkommen, bis an ihr Ende weiterzutragen. Dies sagen Höhere als ich, der ich nur ein alter Lehrer bin.“

Das Grammophon spielte schwermutsvoll, was aber die beiden Tanzenden nichts anging. Sie bewegten sich gradeso sicher und unbeteiligt, als wäre es um sie her lustig gewesen. Der General fand nicht gleich Worte. Erschüttert bedachte er, er habe seinen Freund vorhin leichtsinnig verraten, wenn auch nur an Baronin Hartmann, die nicht weiter darauf achtete. „Wir verraten unaufhörlich“, bedachte er. „Mein Freund hat ein Laster, eine Art von lächerlichem Gebrechen, aber auch bei meinem Freund fällt mir nicht ein, daß Laster und Gebrechen bis in die Tiefe der Seele führen können." ... Laut sagte der General:

„Professor, Sie sind ein außerordentlicher Mensch, ein großer Erzieher und mein Freund."

Hier hielt er an. Wenn noch so unbestimmt, erwartet man doch immer eine Gegengabe. Nein, der Professor war zu sehr bedrängt im Gemüt, nur Philosophie bot ihm Zuflucht.

Der Professor, unverwandt an dem Tanzpaar hängend: „Wir sind Wesen ohne Gedächtnis, sage ich Ihnen, Wesen, die nichts verantworten. Einst hat uns dieser elende Zustand noch gequält. Die Herkunft keiner unserer Handlungen wirklich zu kennen! Nie versprechen zu können, was wir im nächsten Augenblick tun werden! Unsere Vorfahren klammerten sich an das Leben nach dem Tode. Sie hofften, wenigstens vor Gott würden sie die Kraft finden, sich endlich zu verantworten. Wir aber haben uns abgefunden. Uns quält kein Drang nach Verantwortung mehr. Kaum das Wort ist übriggeblieben.

Uns vom Gewissen zu befreien ist der Sinn der gesamten Wissenschaft. Sie entlastet den einzelnen auf Kosten von Herkunft, Kreis, Gesellschaft, Massenwillen. Dem entspricht eine Form der Macht, in der die Verantwortung von den Parteien derart zersplittert wird, daß nichts mehr zu erkennen ist. Wem ist ein heutiger Machthaber, so stolz er die volle Verantwortung übernimmt, wirklich verantwortlich?"

Der General unterbrach nun doch. „Lieber Freund, muß ich, ein Hofgeneral, Ihnen sagen, daß Sie in Paradoxen sprechen? Ihr Machthaber würde sich tatsächlich verantworten müssen, sobald seine Klasse nicht mehr die Macht hätte. Ich übernehme die Verantwortung, heißt immer und überall: ich habe die Macht."

„Und kein Gewissen", sagte der Professor.

„Gewissen ist persönliches Verdienst", sagte der General. „Sie haben es gehabt, als Sie die Prinzessin zu Ihrem Kind machten."

„Der Himmel bewahre mich!“ sagte der Professor mit geschlossenen Zähnen; sein ganzer, ratlos erbitterter Schmerz ward hörbar.

Der General für sich: „Die Kinder sind schwächer als wir. Durch unsere Schuld? Wir dürfen es nicht wissen. Besser nicht mit ihnen sprechen, da könnte man viel erfahren. Ihr Liebesleben! Ich habe Valentin im Verdacht, daß er mit keiner Frau mehr tut als tanzen.“

„Was sollte er mit der Prinzessin denn sonst auch tun?“ fragte der Professor entsetzt. Der General legte nur den Kopf schief, es konnte heißen: „Oh! auch Prinzessinnen.“ Er selbst war verwundert, daß es so heißen konnte.

Nach der Pause sagte der General, lange zögernd: „Merkwürdig, ich selbst ahne jetzt manchmal von fern, was Verantwortung wäre. Oh! es kommt nicht dazu, ich überschätze mich nicht. Ein menschliches Wesen, das sich anmaßte, zu verantworten, wie es gelebt hat – reden wir lieber nicht von seinem Ende!“

Hier schwieg er. Auch das Grammophon schwieg, die Tanzenden standen. In der Tür erschien Baronin Hartmann.

Sie strahlte Sieg, denn sie hatte der Generalin die Heringsdorfer Villa abgerungen. Die Villa sollte ihr Hochzeitsgeschenk an das junge Paar sein, die Generalin wurde ein für alle Male verhindert, sie zu Geld zu machen. Die Verhandlung hatte Kräfte gekostet, die Generalin war mitgenommen, sie erholte sich noch im Schlafzimmer.

Baronin Hartmann hatte in ihrem Leben größere Geschäfte gemacht, ohne so auffällig zu triumphieren. Aber ihre Lage kurz vorher war demütig gewesen. Unter den Augen der Generalin hatte sie ihre Blöße mit Hermelin bedeckt. Plötzlich ließ sie den Kragen fallen, ging schnell auf Valentin los und küßte ihn. Er roch den Duft ihrer erhitzten Haut, errötet tat er einen Schritt rückwärts. Er sah von General und Professor zur Prinzessin, die wie gelähmt dabeistand. Dann überzeugte er sich wieder, daß Felicie tatsächlich in diesem Augenblick die unvergleichlich strahlende Schönheit war.

Endlich begriff sie, was sie zu tun hatte. Sie küßte auch die Prinzessin. Alle wollten erleichtert aufatmen – das junge Mädchen aber wich heftig zurück, als wäre sie nicht geküßt, vielmehr gebissen. Baronin Hartmann, die gestrahlt hatte, erschien auf einmal gequält und hart.

Die zurückkehrende Generalin wünschte sogleich aufzubrechen, das große blaue Automobil fuhr vor. Der Besitzerin ins Gesicht sagte die Generalin: „Wir sind im Begriff, wieder ein Auto zu kaufen. Unsere Geschäfte gehn besser."

Im Dahingleiten bemerkte der General: „Auf der Scheibe hinter euch ist eine Tänzerin gemalt." – „Aus Aberglauben", sagte die Generalin, sie öffnete das Fenster. „Dagegen hängt über ihrem Bett eine Madonna." Sie zuckte die Achseln. „Eine Madonna mit einem zu großen Kopf – und das Bett ist in gelber Seide, auch die Kissen."

Valentin behauptete: „Sie ist wirklich gläubig". Sofort aber die Generalin: „Autofahren – und katholisch. Ich habe nie begriffen, wie das geht. Im Lauf unserer Unterredung, die manchmal gehoben war, berief sie sich einmal auf ihr Seelenheil." Achselzucken.

Valentin: „Schließlich – man hat auch Seele."

Die Generalin: „Wichtigtuerei! Wem hat sie schon ihre Seele gezeigt? Eher alles andere – wie heute."

Valentin, herausfordernd: „Mir."

Dies reizte die Generalin: „Sagen wir ruhig; eine Abenteurerin."

Vergebens warnte der General sie: „Laß, bitte –", die Generalin ging weiter. „Genügt ihr Bild nicht, das sie in ihrem ganzen extravaganten Glanz zeigt? Dann sehe ich noch, wie sie tanzen wollte. Nur keine Umstände, Valentin! Wie ich recht hatte, der Rückfall in sinnliche Abenteuer bleibt bei alternden Schönheiten nicht aus."

Schluchzen ward hörbar. Alle stutzten, niemand hatte bemerkt, daß die Prinzessin schon längst weinte. Valentin, der sich hinüberbeugte, fühlte ihr Gesicht und ihren Hals naß. Er tröstete sie leise, er sagte: „Nur du kannst tanzen." So langten sie an.

Zur selben Zeit, als es dunkel ward, erschien bei Baronin Hartmann Bankier Kappus. Er mußte warten, dann trat sie ein, in Schwarz, und ihr Gesicht sah er bleich und verfallen. „So ist es“, sagte er vorwurfsvoll.

Sie verstand, sie sagte: „Noch vorhin fühlte ich mich im Gegenteil sehr angeregt. Es wechselt jetzt so schnell.“

Kappus gebrauchte ein Gleichnis: „Liebe Freundin, ich trage meinen Zylinderhut bei schönem Wetter schon lange, und er hält sich. Werde ich ihn nun, im Vertrauen auf seine Dauerhaftigkeit, unter die Traufe halten?“

Sie erkannte in dem mißhandelten alten Hut sich selbst. Sie sah sich nach dem elektrischen Kontakt um, zögerte aber, Licht zu machen. Auch Kappus schien dagegen. „Im Dunkeln ist gut munkeln“, sagte er – und hieran anschließend: „Frau Baronin, Sie geben zu viel aus, Sie ruinieren sich.“ Da er sie auffahren sah, sprach er gleich weiter.

„Es ist in unserm ganzen Geschäftsverkehr, ich darf wohl auch sagen, in unserm ganzen Freundschaftsverhältnis das erstemal, daß Sie dies von mir hören, Frau Baronin. Aber wer soll es Ihnen sagen. Ich bin dafür da. Sonst wäre ich heute auf mein Gut hinausgefahren, wo die Vögel singen. Außerdem mach ich es doch noch aktiv.“ Absichtlich erging er sich über sein Gut, sie sollte Zeit haben, den Stoß zu verwinden.

Endlich gedämpft: „Nachmittag rief ich schon an, da hatten Sie aber Gäste. Das – sind sie. Wie?“

„Das sind sie“, wiederholte sie traurig.

Er fragte eindringlich: „Muß es denn sein?“

„Es muß sein“, sagte sie.

Er besann sich. „Ich kenne doch das Leben. Was Ihnen, Frau Baronin, jetzt zustößt, hätte ich haben können, wenn ich gewollt hätte. Einmal habe auch ich geliebt, wo es gefährlich war – und zu Hause saßen Frau und Kinder. Ich habe es der Dame nie gesagt, es kam mir nicht zu. Aber sie weiß es. Sie weiß, daß ich ihr kein unwandelbarer Freund hätte werden können, wenn damals die Leidenschaft mich meine Existenz gekostet hätte“.

Sie ließ ihn ganz schweigen, bevor sie sagte: „Ich weiß. Aber so steht es diesmal nicht. Er ist mein Kind."

„Was – was denn?" Kappus stand auf, er machte Licht. Er sah ihr nahe ins Gesicht. Ihr zerstörtes, dennoch erglänzendes Gesicht sagte, daß es wahr sei. Kappus mußte sich setzen.

Sie sagte sanft und so wohllautend, als spräche nur ihr Inneres: „Ich habe es wiedergefunden. Ich hatte es ein ganzen Leben lang verloren. Was habe ich inzwischen an ihm versäumt, wieviel bin ich ihm schuldig geworden! Das wäre nie zu bezahlen, selbst wenn ich mich ruinierte."

„Sie lästern", rief Kappus, tief erschreckt. Ihn drängte es, vieles zu sagen, was ihr die Familie Vogel von Lambart samt ihren eigenen Verpflichtungen in ein anderes Licht rücken konnte. Wie, wenn sie erführe, daß die Generalin mit ihrem Geld spekulierte, daß der Sohn auf ihre künftigen Zahlungen schon Geld aufnehmen wollte. Kappus hatte sogar beschlossen, es ihm zu geben – zu hohem Zinsfuß und in der Voraussicht, an dem Geschäft auf die Dauer so viel verdienen zu können, wie Baronin Hartmann verlor. Die Gewinne schrieb er ihr dann gut, sogar, dies beschloß er in diesem Augenblick, wenn Generals nicht zahlten.

Von allem schwieg er aber, denn er sah: ihr Kind! Kappus liebte seine Kinder. Gern wäre er für sie schwach gewesen, nur aus Pflichtgefühl hielt er sie streng. „Frau Baronin", sagte er, „wir leben in unsern Kindern, aber zuerst müssen wir leben. Denken Sie an sich! Wir haben gearbeitet. Das Geld ist ebenso unser Kind, wir haben es auch gemacht", sagte er liebevoll.

Sie erwiderte: „Ich habe es schlecht erworben."

„Verstehe ich nicht", sagte er niedergedrückt, denn seine Freundin schien ihm abzuirren. „Sie haben gegen kein einziges Gesetz verstoßen, Frau Baronin."

„Denkt das auch mein Sohn?" fragte sie. „Er denkt, daß ich genossen habe, während er arm war, daß ich kalt blieb, und er kämpfte um sein Leben. Er hat den Krieg, das Leiden, die Welt gekannt – und noch nicht seine Mutter."

Kappus seufzte.

„Was tat ich?“ sagte sie, „anstatt mein Kind zu lieben? Alles, was ich tat, Kappus, kommt jetzt wieder, die Gesichter kommen wieder. Ich bin nie mehr allein.“ Sie atmete gepreßt, ihre Augen erblickten Unsichtbares. „Das war der“, sagte sie flüsternd, „der sich in der Sitzung vor unseren Augen erschoß.“

Kappus erlag dem Eindruck, auch er brachte nur gepreßt hervor: „Unsere Gruppe hatte ihn geschlagen. Er hätte lieber uns geschlagen.“

„Das ist ein Toter, Kappus, das sind Waisen.“

„Die Verantwortung verteilt sich auf unsere ganze Gruppe“ – was ihn immerhin aufrichtete. „Wer sind wir – vor den Notwendigkeiten der Wirtschaft. Ich persönlich war von Jugend auf sozial gesinnt, seit siebenunddreißig Jahren bin ich bei der Partei. Sie kommen noch jetzt und fragen mich. Ich rate ihnen, ich tue, was ich kann.“ Er wischte sich die Stirn. Nur an ganz schlechten Börsentagen war ihm so beklommen.

„Das sind erst die Opfer unserer Geschäfte“, hörte er sie sagen. „Unser Leben hat noch andere gefordert.“

„Wem sagen Sie das“, äußerte Kappus, froh, wenigstens von den Geschäften fortzukommen. Baronin Hartmann mißverstand heute sogar seine Redensart, sie antwortete darauf.

„Ja, wem?“ fragte sie.

Aufstehend, abgewandt: „Nur einer.“

Kappus hielt sich für entlassen. Er verharrte noch hinter ihr, in der Hoffnung, sie werde ihm die Hand reichen. Begütigend murmelte er: „Wer liebt, sieht alles anders.“ Da fuhr sie schroff herum.

„Liebe ich? Vielleicht könnte ich hassen – muß aber lieben.“

So vieler Verwirrung trotzte Kappus nicht, er ging ohne Handkuß. Sie stand mitten in ihrem erleuchteten Salon, sah ihn aber nicht gehn, ja, hätte wohl niemand gesehn, der ging oder kam.

„Verrückt“, dachte Kappus draußen – mit Widerstreben gegen seine Unehrerbietung, sogar draußen. Aber Vernunftwidrigkeiten hielt er für sträflich, im Grunde übrigens für unmöglich. Er ließ sich nach der Bank fahren, er ging hinauf in sein Arbeitszimmer. Es war still, um das Zimmer her schwieg das ganze Haus. Kappus blieb, seinen grauen Zylinder auf dem Kopf, inmitten stehn, nicht weniger versunken als dort hinten seine Freundin. Versunken ging er zum Schreibtisch, der blank und aufgeräumt war. Er setzte sich, er faltete auf der Platte seine Hände.

Seine welken Hände spannten sich, bald füllten sie sich mit Blut. Die Macht, die sie belebte, arbeitete hinter der Stirn des alten Mannes, hinter seinen gesenkten, verhängten Augen ... Er saß lange. Als er endlich unter Seufzen aufsah, war er gewiß, der junge Valentin werde kommen, denn er war gerufen. Er werde eingehn auf alles, er werde das gesamte Geld, das er der Frau Baronin Hartmann entlockt hatte, von Kappus sich wieder entreißen lassen. Im Spiegel vor sich erblickte Kappus unter seinem grauen Zylinderhut das Gesicht eines Zauberers, erkannte es aber nicht.

Mitten in ihrem erleuchteten Salon stand Baronin Hartmann. Die Hausglocke schrillte, da ward sie unruhig. Noch war der Tag nicht zu Ende.

„Ein Herr“, meldete Tietge. „Ein kleiner Herr. Ist gut gekleidet. Heißt Wernawe, wir kennen ihn nicht.“

Ein junger Mann trat ein, er trug einen Tanzanzug, nicht schlechter als der Präsident. Sein Gesicht war beim Eintreten ironisch, aber vor der schönen Frau ward es sofort anerkennend. „Ich komme wegen Valentin“, sagte er bescheidener, als zu erwarten gewesen war. Da sie deutlich erschrak, beruhigte er sie: „Ihm geschieht nichts“. Mit Betonung: „Wir – haben ein Auge auf ihn.“

„Wer sind Sie?“

„Ein alter Freund von Valentin.“ Wernawe lächelte wieder witzig, er wippte auf den Fußspitzen. Er trug einen sauber geschnittenen Kopf, die Stirn hatte von allen Maßen dieser gespannten kleinen Gestalt die ausgedehntesten. Plötzlich sah sie, wer er war.

„Sie haben mit Valentin geistig gestritten, als ihr beide Knaben wart. Sie sind sein Jugendfreund", sagte sie mißtrauisch aus Eifersucht. Seine Antwort war Nicken und lustiges Wippen. Sie sagte noch mißtrauischer: „Jetzt sind Sie Kommunist."

„Das sowieso", sagte Wernawe. „Zuerst müssen wir aber etwas für unseren Valentin tun. Er soll von hier entführt werden."

„Er ist nicht hier."

„Aber kommt. Ich habe ihn herbestellt."

„Herr Wernawe, das konnten Sie lassen. Sie mischen sich in Dinge, die Sie nichts angehn."

„Bei mir – Einmischung. Ich bin mit Valentin auseinander, meinetwegen könnten seine lieben Kameraden mit ihm machen, was sie wollen. Aber ich schulde es der Sache, ihn zu retten, denn eines Tages kommt er zu uns. Jede Energie kommt früher oder später zu uns."

„Er hat wenig Energie", sagte sie auf einmal flehend. „Verschonen Sie ihn doch! Was kann er Ihnen nützen. Ich will ihn warnen." Schnell ging sie zum Fenster, sie öffnete es.

Wernawe sprach von hinten nicht lauter, als stände er neben ihr. „Sie können das Fenster offenlassen. Aber kommen Sie zurück, der Posten sieht, daß hier etwas vorgeht."

Sie kam. „Der feindliche Posten? Dann fangen sie ihn ab?"

„Beruhigen Sie sich, gnädige Frau", sagte Wernawe. „Die andern werden von uns beobachtet. Wir erfuhren, was sie vorhatten, und wir sind zur Stelle."

„Was wollen die andern von Valentin?" fragte sie entsetzt, in diesem Augenblick erinnerte sie sich seiner eigenen Andeutungen. Sie hatte damals träumend drüber hingehört – in jener Zeit langsamen Wiederfindens, da die Vergangenheit, seine wie ihre, nur zur Erhöhung des Genusses als dunkle Musik hereinklang, aber noch nicht Form und Nähe hatte, noch nicht Gefahr war.

„Sie wollen mit ihm abrechnen." Die Ironie Wernawes war im Grunde voll kräftigen Ernstes. „Geschichten sind vorgefallen, die auch – wir", betonte er, „uns nicht gefallen ließen. Nur würden wir das Abrechnen nicht ganz so wörtlich verstehn. Seine früheren Kameraden wollen von ihm Geld. Sie haben ihn schon viel gekostet. Er kann nicht genug verdienen." Wobei Wernawe ihr deutlich mit den Augen winkte.

Sie ward bleich, sie hörte Valentin wieder sagen: „Sie haben mich in der Hand und nützen es aus." Dem hatte sie seither zugesehn. Das Schlimmste ging für ihn weiter, als hätte er nach wie vor keine Mutter! Andere hatten gewacht ... Sie gab Wernawe die Hand. „Sagen Sie, was wir tun müssen!"

„Ihnen etwas zu stehlen hinlegen", sagte Wernawe knapp.

„Sind sie so?"

„Sie sind nicht so, aber sie können so werden. Bekommen sie nicht Valentin, was wir verhindern, werden sie statt seiner gleich Geld oder Sachwerte nehmen, worauf es ihnen schließlich nur ankommt. Folgen fürchten sie nicht, sie wissen, daß Valentin hier wie das Kind im Hause ist", sagte er ohne Ironie, mit leichter Verbeugung. „Wir sorgen aber für Folgen."

„Anzeige? Skandal?"

„Kein Gedanke. Zwischen uns und ihnen geht alles privat vor sich, als ob die Polizei noch nicht erfunden wäre, genau wie in Detektivromanen. Hauptsache, daß wir sie erwischen, wie sie lange Finger machen. Lassen Sie das Weitere unsere Sorge sein!"

Ein unwiderstehliches inneres Sträuben sagte ihr, daß sie in Wahrheit vorgezogen hätte, Geld zu geben, ohne viel zu wissen. Was für Menschen, welche Verwirrung! Hier sich einzulassen kostete am Ende sogar die bürgerliche Wohlanständigkeit, die erste, schwerste Errungenschaft ihres Lebenskampfes. Was denn sollte der Sohn noch fordern? Darum der Sohn, damit es mit ihm in Abenteuer hineinführte, wie zur dunkelsten Zeit der Geliebten? Fragwürdiger Aufruhr hob ihr Herz – Liebe, nur zu bekannt, Haß, ja Haß wie je im Kampf mit Geliebten, das Ganze aber unbegreiflich, noch nie erlebt.

Ihr Gesicht war längst nicht mehr in Ruhe undurchdringlich. Wernawe erkannte wohl, daß sie sich wehrte. „Es geht vorbei, gnädige Frau, dann haben Sie ihn zurück. Besser, mit der Sache einmal Schluß zu machen.“ Er tröstete nicht ohne Zartheit. Sogleich aber kam er wieder auf seine Grundidee. „Wenn Valentin dann die Arme frei hat, ist er unser Mann. Ich kenne ihn, er ist nicht nur energisch, das sind auch die andern. Aber was bedeutet leere Energie zur Rettung von Mißständen. Wen kann die glücklich machen. Er will auch sauber handeln – nach der Idee. Die haben wir – als einzige nur wir. Alles andere ist toter Mechanismus, der noch abläuft ...“

Wernawe, so klein er war, hielt den Kopf hoch, er blickte lustig und entschlossen aus hellen, schiefgestellten Augen. „Mit mir werden sie nicht fertig“, versicherte er. „Ich war verschüttet – und hab noch meinen ausgeruhten Kopf.“ Er war seiner Sache sicher, er hätte hier sogar die längste Wartezeit ausgefüllt. Da erschien Valentin.

Sie standen nahe der Tür, er war sofort unter ihnen. Er sprach gedämpft, denn er hatte sich draußen umgesehn, er war im Bilde. „Keine Zeit verlieren! Der Gegner denkt an Rückzug. Gibt's nicht! Diesmal will ich Kampf.“ Seine Kraft war ihr neu, sie bewunderte ihn.

„Nur eine Minute, Wernawe!“ Zu ihr gebeugt, eröffnete er ihr halblaut, das Opfer dieser Nacht werde ihr letztes sein. Sie solle sich seiner nicht schämen müssen. Nie wieder! „Glaube nicht, ich hätte vergessen, daß ich dir versprach, deiner würdig und ein Mann zu sein. Ich weiß, daß du mich heute für einen Lügner hieltest. Warum erschienst auch du mir heute so vergeßlich?“ Heftiger: „Das soll nicht mehr vorkommen, denn jetzt ist Gefahr da. Dich erpressen, mein Leben von dir erpressen lassen? Lieber fallen!“ Worauf sie nur stand und schwieg.

Wernawe hatte sich in Deckung bis gegen das offene Fenster geschlichen. Er kehrte zurück, er raunte: „Schnell! Was legen wir ihnen zu klauen hin? Einer will schon auf den Baum steigen.“

Sie stand und schwieg. Wie zufällig trat sie zu einem Tischchen aus Kristall, sie spielte daran, als ob nichts wäre. Wernawe sah zuerst nur das rote Feuer, das hervorbrach. Sie hob es aber heraus, sie stellte er auf die Platte. Wernawe näherte sich dem großen Rubin so vorsichtig, als traute er sich selbst und seiner Moral nicht. „Nehmen Sie das Ding weg", verlangte er. „Auch ich stehe mitten im Erwerbsleben."

Er kicherte wie ein Kind. Dann gab er aber Valentin Weisungen. „Vor allem der gnädigen Frau ihren Stein zurückholen! Verstanden? Jetzt sprich laut!"

Worauf Valentin laut sagte: „Wir gehen schlafen, Felicie?" – „Mach das Licht aus!" raunte Wernawe. Im Dunkeln streckte er den Arm gegen das Fenster. Die Äste des Baumes, der davorstand, schwankten deutlich.

Die beiden verschwanden wie Schatten. Sie hätte nach ihm noch gerufen, aber sie war allein ... Nein, schon enthielt der Fensterrahmen einen Umriß. Sie glitt in das Vorzimmer. Von dort erblickte sie Streifen Mondlichtes auf dem Teppich. Manchmal wurden die Streifen verdunkelt, daraus entnahm sie, was vorging. Sie entnahm die Überraschung des Eingedrungenen, sein unschlüssiges Hin und Her, den Griff ... Als sie ihn den Baum wieder hinuntersteigen hörte, kehrte sie zurück. Schnell zum Fenster – er lief schon, außerhalb des Grundstückes stießen andere Gestalten zu ihm. Sie wollten untertauchen drüben im Tiergarten, prallten aber zurück, als wären sie an Bäume gestoßen. Sogleich stob alles auseinander, Verfolgung, jagende Füße in der Parknacht, eine Waffe, die aufblitzte, aber kein Laut.

Sie bedachte gebannt, daß sie zugestimmt hatte, als Valentin fallen wollte. Sie hatte sogar den Rubin geopfert dafür, daß er fiel. Sie wollte nicht weniger darbringen als er, ihr Leben. Der Rubin stellte ihr Leben vor, Erwerb, Erfolg. Er war der harte, kalt glühende Talisman ihres Herzens, damit es sich nicht verirrte. Nun es sich dennoch verirrt hatte – Sie fühlte: „Es naht das Äußerste. Weiche aus, rette dich noch! Wirf selbst dein Leben hin samt dem seinen, auch das ist immer noch gnädiger!"

Da, ein Schrei, in der unbewegten Stille ein vereinzelter Schmerzensschrei – unterdrückt wie von jemand, der sogar in letzter Not nicht gehört werden will. Sie taumelte rückwärts in den dunkelsten Winkel, über sich gebeugt, bedeckte sie die Augen. So stand sie, als Schritte kamen.

„Licht!“ rief eine muntere Stimme. Solange es noch dunkel war: „Alles planmäßig verlaufen! Der Vorgang hatte Dynamik!“ Dann ward es hell. Sie sah Valentin und begann zu zittern. „Von jetzt ab lassen sie ihn in Frieden“, sagte munter Wernawe. „Er hat gezeigt, wer er ist. Umarmen Sie ihn!“

Mit äußerster Anstrengung gelang es ihr, ohne Zittern zu sprechen. Welch ein Glück, daß der andere gesagt hatte: „Umarmen Sie ihn!“ Hätte das Wort sie nicht befreit, sie war in Gefahr, sich gegen ihn zu werfen, sich auf den Knien vor ihm über den Boden zu schleppen, ihn in ihren Tränen, ihren von Reue glühenden Küssen zu baden ... Sie sagte ohne Zittern:

„Wirklich, Valentin, auch ich sehe erst jetzt, wer du bist. Ein Mann, wie, Herr Wernawe? Er ist gewachsen. Er macht finstere Augen.“

Valentin suchte ihre Hand, um sie zu küssen. Sie tat, als merkte sie es nicht. „Schnell den Rubin! Wernawe hat ihn?“

Wernawe öffnete die Hand. Von dem roten Stein rannen rote Tropfen auf seine Hand, als blutete der Stein. „Bitte um gütige Nachsicht“ – Wernawe wippte. „Damit ist einer geprägt worden.“

„Nicht von mir“, sagte Valentin.

„Nein, von mir.“

„Geprägt im Gesicht?“

„Im Gegenteil. Er kann es seiner Lebtage nicht mehr ableugnen, daß er geklaut hat. Der Umriß stimmt zu genau.“ Wernawe fuhr mit dem Finger um den Stein. Er hatte ihn gereinigt, er stellte ihn an seinen Platz zurück. Sie konnte die kleine Truhe schließen, sie konnte den geretteten Talisman ihres Herzens in seinem Versteck verschwinden lassen. Sie hätte nicht geglaubt, er würde wiederkehren.

Auch war er nicht wie vorher. Zwischen vorher und jetzt lag kein Boden, der Stein anders, das Herz anders. Valentin hatte dies verwandelte Gesicht. „Mein eigenes kenne ich schon nicht mehr. Ich wollte, daß er fiel. Dann war ich im Begriff, ihn mit mir niederzureißen."

Wernawe inzwischen bearbeitete Valentin. „Hiernach, mein Bester, kannst du nicht mehr zurück. Du hast mit uns mitgemacht, du mußt bei uns bleiben. Das ist auch deine einzige Sicherheit." Da Valentin noch ablehnte: „Was bist du zuerst? Soldat. Na, wir sind keine Pazifisten, du hast dich überzeugt, Mensch! Du lebst doch auf, seit wir zusammengehn. Frage Madame!"

„Zum Lachen", sagte Valentin. „Das ist doch nicht die Tat, vor der Tat scheut ihr. Ihr – im Ernst handeln? Nie."

„Oho!" – Wernawe nannte die Zahl der sicheren Wähler, die sogar 1924 treu geblieben waren. Das waren Stoßtrupps – und dazu eine neue Öffentlichkeit, durchdrungen und unaufhaltsam umgeformt auf Wegen, die Gegenwirkungen entzogen waren. „Wir sind größer, als du denkst." Der kleine Wernawe reckte sich, seine Miene ward fest. „Wir sind das wirkliche Leben." „Die Herren wollen sich aussprechen. Valentin, du weißt, wo du Wein findest. Gute Nacht." Sie dachte: „Ich war im Begriff, ihn mit mir niederzureißen ... Sein Versteck werde ich nie mehr öffnen." Sie wußte nicht, ob Valentin oder der Stein.

Den Vorraum erreichte sie, dort mußte sie haltmachen. Stimme Valentins:

„Ich glaube euch nicht. Ich will handeln, daher will ich auch besitzen. Wer handelt, will als Zeichen den Besitz. Ihr nicht? Dann mißtraue ich euch."

Stimme Wernawes:

„Kannst du hassen? Schon darum wirst du handeln. Und im Handeln wirst du erleben, wozu."

Sie kam vom Stuhl auf, gelangte in ihr Zimmer – schloß ab und glaubte sich gerettet für diesen Augenblick. Sie badete, die Zofe half, die gewohnten Schritte und Griffe täuschten gewandt darüber hinweg, daß vom Bau des Lebens kein Stein mehr auf dem andern stand. „Der Rubin ist doch nicht wirklich?“ dachte sie, erstarrend in einer Bewegung. „Dafür gelebt zu haben!“

Anstatt zu Bett zu gehn, saß sie schließlich im Lehnstuhl daneben. Sie rauchte Zigaretten, befremdet durch die Festigkeit der Hand, die einen seidenen Schlafrock auf der Brust zusammenhielt. Sie sah die Hand im Spiegel. Nur die Nachttischlampe brannte, tief im Spiegel lag ein Gesicht, weiß hervor trat nur die feste Hand. War das noch ihre? Sie fühlte doch die Kraft nicht, so zuzugreifen. Sie, die nicht wußte, ob sie sich opfern oder ob sie töten wollte! Die nicht mehr Liebe vom Haß unterschied! Hat Furcht gehabt, sich herzlos ihr Glück zu nehmen, wie doch der Präsident es ihr so klug empfahl. Aber auch das unbedankte Martyrium liegt ihr nicht. Sie kommt denn doch zu kurz dabei, das war sie nicht gewohnt. Sie würde hassen, es wäre ihre Natur – hassen den, der ihr an Leib und Seele zehrt, sie arm und alt macht: nur, daß sie seine Mutter ist. Man kann nicht Mutter sein und wollen, daß er fällt. Kann man Mutter sein und sich gegen ihn stürzen, um ihn in Tränen, in Küssen zu baden?

Schloß sie die Augen, drangen sofort ihre verwirrten Gefühle auf sie ein wie Menschen. Sie mußte ihr Spiegelbild festhalten, um noch zu wissen, sie sei ein Wesen, ein einziges, das sich nicht ändern kann. Wie will es denn noch anders werden nach so langer Zucht und Strenge. Der Rubin ist nicht härter. Dir ist unmöglich, dich selbst zu verlieren, das tun Schwächere. Du kannst dich auch nicht fliehen in der Not. Wohin wohl? Zu wem? Wo wärest nicht wieder nur du, deine Qualen, dein Kampf. Wer wollte sie zu den seinen machen. Wer wollte dir dulden helfen, wie er dir siegen half? Sie wußte, wer.

Sie drückte die Zigarette aus, entschlossen erhob sie sich zu einer wichtigen Verabredung, trat vor das Bett, vor die Himmelskönigin, die darüber hing – sie richtete sich höher auf. Die Gebete begannen. Sie betete, wie immer, zu ihrem Bild im Stehen, mit den Augen in seinen und ohne die Hände zu falten.

Die Gebete liefen ab. Das Bild blickte kalt dazu wie je. Sie merkte er lange nicht, sie war es zu lange gewohnt. Laute Stimmen klangen her aus der Nacht, von den Jungen dahinten, deren Geist sich streitend erhob. Sie betete gedämpft, das Bild blickte dazu kalt.

Es hatte einen zu großen Kopf, dennoch kleine Augen und fast keine Schultern. Der glatte blaue Mantel hing an goldener Kette, die Krone war golden, auch der ganze Thron. Die Himmelskönigin hatte kein Kind, dafür hielt sie das Zepter. Der Buntdruck war schon alt, war rissig, übrigens nur so groß wie ein Buch. Der Rahmen übertraf es bei weitem an Breite, Kunst und Geldwert, er war besetzt mit gelben und roten Steinen, Lichtern des Lebens.

Die Betende kannte dieses göttliche Gesicht seit ihrer Kindheit – ein junger Pfarrer, der erste Mann, den sie liebte, hatte es ihr gegeben. Geliebt hatte sie ihn seelenvoll verwirrt, in übertriebenem Vertrauen, das nur zusammenbrechen konnte, mit Zittern, Zagen und mit Jubel. So betete einst das Kind zu diesem selben Bild.

Im Leben später veränderte das Bild sich, bald wollte es anders verehrt werden. Es verschmähte Ekstasen, schimpfliche Geständnisse befremdeten es mehr und mehr. Es war nicht gesonnen, durch Sünden, Reue, Buße zu geleiten. Die Aussetzung ihres Kindes hatte es seiner Gläubigen nie vorgeworfen. Es hatte selbst kein Kind. Es hatte ein Zepter, damit half es der ihm Ergebenen, Erfolg zu haben.

Sie hatte es in jedem ihrer zahllosen Hotelzimmer aus dem Koffer geholt, über das Bett gehängt und angebetet. Die Tage erfüllt von Abenteuern, die nach dem Willen des Bildes immer kaltherziger wurden, mit Geschäften, Ehrgeiz und Geiz – noch in der Nacht aber die Rechtfertigung vor dem glatten Gesicht ihres Bildes. Es hörte sie immer an, nie hatte sie stocken müssen, es wollte ihre Scham nicht. Weltlich, zu weltlich handeln nannte es nie gegen Gott handeln, im Gegenteil. Gott unterschied sich nicht vom Erfolg, das Seelenheil vom guten Geschäft –

weder für Beterin noch Bild. Sie verstanden sich. Es verzieh ihr sogar Taten, die ihre ungläubigen Genossen sich selbst vielleicht nicht ganz verziehen. Bei jeder Stufe, die sie höher stieg, vermehrte sie in seinem Rahmen die Edelsteine.

Dank ihrem Bilde, das stolz auf sein Geschöpf ihren Weg mitging, hatte sie seit gewiß zwanzig Jahren keinem Priester mehr gebeichtet, ohne deshalb in ihrem Innern mit der Kirche zu zerfallen. Sie beichtete nicht und war doch reingewaschen. Ja, beichten erschien ihr als frühe, wenig begnadete Art, sich zu reinigen. Sie besaß die Gunst einer göttlichen Macht, die sie überallhin im Koffer mitführte. Sie beichtete nicht.

Die Gebete liefen ab. Warum war heute das Bild unaufmerksam? Sie sprach doch den Wortlaut wie immer. Das Bild liebte, daß sie laut in hergebrachten Formeln betete. Was sie eigentlich meinte, durfte nur heimlich mitverstanden werden. Das Bild verstand, es sprach ebenso heimlich frei. Sein rotes Herz, das offen auf dem Mantel lag und strahlte, fühlte mit, hatte immer mitgefühlt. Heute zuerst blieb es unbewegt. „Ist es beleidigt? Ich habe schon, ich weiß nicht, wie viele Tage, nicht gebetet."

Die Gebete liefen ab, das Bild wollte sie nicht hören, sein rotes Herz sich nicht rühren lassen. Es war nicht mehr auf dem laufenden, seit sie nicht betete, inzwischen hatten die Dinge sich verwirrt, die Beterin selbst verstand sie nicht mehr. Wie schwer, sie zu erklären – dort, wo ohnehin Mißbilligung drohte. Es war zu fürchten, das Bild liebe Valentin nicht. Die schlimmste ihrer Verirrungen hatte es freundlicher aufgenommen als diese Sühne am Kind, dies wiedergefundene Gefühl.

Gefühle freilich hatte es noch nie gebilligt. Es war für Erwerb, Verschwiegenheit, Selbstachtung. Es war durchaus gegen Selbstanklage, Verschwendung, Sichausströmen. Von Valentin hatte sie ihm gleich anfangs nur wenig, mit Zurückhaltung sprechen dürfen, daher dann die unerhörte Unterbrechung ihrer Gebete. Es war dagegen, daß der Sohn tiefer in ihr Leben trete. Nun dies dennoch geschehen war, hüllte es sich in Schweigen. Sie bat es, sein Schweigen zu brechen. Sie sagte Ave Maria und meinte ihm viel zu sagen. Ach! umsonst.

In diesen Nöten war ihr Bild ihr keine Hilfe. Es riet ihr im Grunde nur ab von allem, was doch nicht mehr zu ändern war. Sie beschwor es, wenigstens einen Blick auf ihr Inneres zu werfen, sie zu verstehen, sie nicht allein zu lassen. Der praktische Nutzen, dachte sie für sich, werde nicht ausbleiben, wenn sie erst verstanden sei ... Hier kam von dem Bilde die erste Antwort. „Bekenne! Du bist schwach geworden."

„Nein!" rief sie. „Ich verteidige mein Recht. Ich kämpfe um mein Kind, wie sonst um Geld und Gut!" Wozu das Bild aber schwieg – undurchdringlich.

Sie erregte sich, sie vergaß sogar die Gebetformeln, sie sprach gradeswegs. „Du glaubst doch nicht im Ernst –? Der Kampf ist teuer, ich habe große Kosten – nicht nur in bar, aber siegen will ich, wie immer ... Nein, höre die Prahlerei nicht! Ich kann nicht mehr siegen, außer du hilfst!" Ihre nie gefalteten Hände rangen hingestreckt um die Hilfe des Bildes – das sie versagte. Nicht die aufrechte Haltung vor dem Verbündeten mehr, sie kniete, ihre Stirn war Demut, sie sah nicht auf. „Du glaubst im Ernst?" fragte sie. Das Bild sagte: „Du hast dich verloren."

„Nein!" rief sie verzweifelt, sie sank in sich zusammen. Von jetzt ab sprach nur noch das Bild, sie war zusammengebrochen. „Du bereust", sagte es. „Du bereust jetzt schon dein ganzes Leben. Gestehe, daß du wertlos geworden bist! Du bist reif, dich unter schwere Räder zu werfen und dich beerben zu lassen." Hier schwieg das Bild, sie fühlte deutlich, es habe sich abgewandt, von ihr abgewandt für immer.

Sie stand auf, schwankte, sie rang nach Atem. Zwei laute junge Stimmen entfernten sich in der Nacht. Sie sah sich furchtbar allein. Hier fehlte, die noch nie gefehlt hatte: sie selbst.

Ihre wahre Person war auf der Flucht. Augen der Not blickten ihr nach, sie sahen wohl, wohin sie lief. Die Zuflucht erhob sich fern, noch war die Zuflucht klein. Dann wuchs sie aber, sie ward ungeheuer. Licht ging aus von jenem runden Bau, dem die Seele zulief, die Zurückgebliebene hoffte schon, es sei der Morgen, der so glänzte. Sie öffnete das Fenster – nein, noch immer verharrte die Nacht. Was blieb dem Rest, der sie war, übrig, als zu warten, bis auch der Rest der Nacht verging.

Sechstes Kapitel

Die Sankt-Hedwigs-Kirche ist ein Rundbau. Sie steht einige Schritte von dem Denkmal des Königs, der sie zu bauen erlaubte; aber sie steht abseits und trotz ihrer Größe unauffällig, wie eine Fremde. Über die Dächer des Platzes, der sie von Unter den Linden trennt, blickt das Schloß. Sie hat links von sich die Behrenstraße, die Französische Straße läuft hinter ihr.

Die weite Kuppel trägt die Laterne, diese das Kreuz. Die segnende Heilige wacht auf dem Giebel des Vorbaus. Die Inschrift unter dem Dreieck des Giebels ehrt sie selbst neben dem König, der ihr gnädig war, und der Freigebigkeit eines Kardinals. In dem Dreieck ziehen viele Gestalten, nackt oder bekleidet, der höchsten entgegen, die die Mitte hält.

Sechs Säulen tragen den Giebel. Zwischen ihnen sind oben Reliefs des auferstehenden Christus, unten zwei Nischen und die drei Türen der Kirche. Zehn Stufen führen hinauf.

Eine der Türen geht auf, die mittlere. Sie öffnet sich langsam ins Leere, in die Stille des mild besonnten Sonntagmorgens. Noch hofft sie auf keinen Eintretenden. Eine Frau in Braun ist gleichwohl schon da. Die öffnende Pförtnerin weiß nicht, woher sie kommt. Sie muß gewartet haben hinter der Säule.

Die Öffnende erkennt eine Dame, und auch, daß sie fremd umhersieht in dem runden Inneren, wo es schwer ist, zu haften. Jeder der Altäre ist eingelassen zwischen korinthische Säulen. Beide bunten Fenster hinten schimmern, sie blenden, der Hochaltar verschwindet, wenn du ihn suchst. Ein breites Geländer hält die Fremde auf, übrigens ist sie geblendet. Ihr Auge rettet sich in die Kuppel – ach! wie leer, noch unbekannter als das leere Haus. Wohin? Jede der Säulen hat dicht hinter sich ihren genauen Schatten. Nichts, um zu haften. Doch! Die Diplomatenloge rechts der Orgel – dort oben saß sie einst selbst.

Sie findet das festliche Bild wieder, so war es damals. Jenseits des Geländers umstrahlten Kandelaber den Hochaltar, die ganze Geistlichkeit, die Bevorzugten auf ihren Plätzen. Die Kirche war voll, sie strahlte, Musik klang auf, Musik zur Messe, opernhaft und rein. Sie findet nichts wieder, was sie dabei gefühlt hätte. Ein Fest strömte, damals war nur das Leben hier versammelt ... Sie erschrickt. Jede der Säulen hat hinter sich ihren tiefen Schatten. Die Höhlung der Kuppel sagt langsam Ungewisses.

Die Besucherin wird gefragt, ob sie Erklärungen wünsche. Die Pförtnerin steht da, sie wischt sich die Hände an ihrer Schürze, sie beginnt schon. „Von Friedrich dem Großen wurde das Grundstück geschenkt für den Bau der Kirche. Dreißig Jahre lang wurde aus allen katholischen Ländern Geld gesammelt dafür. Der Sumpf wurde getrocknet." Unvermittelt schließt sie:

„Berlin war einmal ein Fischerdorf."

„Ist noch kein Geistlicher hier?"

Die Frau wird verlegen. „Ach so, die Dame ist nicht fremd. Ich habe die Dame noch nie gesehen. Dann wünschen Sie keine Führung?"

„Doch. Führen Sie!"

Aber sie ist eine unaufmerksame Besucherin. Sie läßt sich weiter blenden von dem Licht der bunten Scheiben, statt der Frau zu folgen auf den Platz, von wo sie die Gruppe hinter dem Hochaltar deutlich sehen würde. „Ostermorgen heißt die Gruppe. Christus empfängt die Sünderin Magdalena."

„Wen?" – Die Besucherin hat sich hergewendet, sie scheint verstimmt. „Was gibt es hier sonst? Wo bleiben die Geistlichen?" Sie sieht schon wieder in das Fenster. Erkennt sie auch nur das dargestellte Bild?

„Die hochwürdigen Herren kommen schon", erklärt die Frau.

„Das Bild auf dem Fenster ist Sankt Hedwigis, wie Sie lesen können. Die Heilige trägt eine kleine Kirche auf der Hand. Von den zwei Bildern darunter zeigt das erste einen Verwundeten mit Sankt Hedwig. Ihr Schloß bei Liegnitz brennt. Auf dem zweiten Bild erkennt die Heilige ihren verlorenen Sohn.“

„Woran?“ fragte jene schnell. Sie neigt sich hin. „Oh! das ist häßlich. Sie müßte ihn anders erkennen.“

„Er war lange im Krieg“, sagte die Führerin.

„Der Verwundete, den sie unter allen pflegte, war ihr Sohn? Sie hatte ihn verloren? Er war es auch, der ihr Schloß angezündet hatte!“

„Das ist nicht gesagt.“

„Er war es aber ... Ist es denn noch immer zu früh?“

„Wollen Sie eine Messe hören?“ fragte die Frau.

„Ich will beichten“ – womit die Dame ihr einen Geldschein gibt. Die Frau wird verlegener als je.

„Sie können nicht beichten. Wir haben Hochamt.“

Die Dame will gehn. „Schöne Musik“, sagt schnell noch die Pförtnerin. „Orgel, Orchester, Chor. Jetzt kommen immer viele Leute. Wir machen volle Beleuchtung.“ Aber die Dame eilt. Die Frau befühlt in ihrer Schürze den Geldschein, sie glaubt nicht genug dafür geleistet zu haben. „Da wäre noch die Beichtkapelle.“

Die Dame eilt vor ihr her, grade dort, wohin sie geführt werden sollte. Sie durcheilt den Durchgang, sie erreicht die Beichtkapelle, sie sucht. Nein, kein Beichtstuhl hier. Gestalten stumm aus Stein. Obwohl darunter zwei lebende Beterinnen kauern, bleibt die Stille aus Stein. Die Dame erblickt das Bild der Muttergottes mit ihrem Toten, auch sie kniet hin. Es war so schnell nicht vorauszusehn, die Führerin hätte sie fast überrannt.

Erstaunt tritt die Frau zurück – und sieht keine Dame mehr. So betet keine Dame. Noch keine hat die Hände aufgestellt aneinandergepreßt. Die hatten auch niemals wirklich demütige Schultern, und welche konnten knien? Dies ist keine Dame. Sie ist so arm trotz Seidenkleid, daß die Pförtnerin sich des empfangenen Geldes schämt. Die dort braucht die Beichte nötiger als die Pförtnerin ihr Brot. Sie flüstert ihr zu:

„Um fünf ist Rosenkranz. Dann können Sie beichten."

Vor fünf war Baronin Hartmann wieder in der Sankt-Hedwigs-Kirche, sie sah die Kirche sich füllen. Ihr blieb kein Platz, um zu sitzen, sie stand mit vielen im Gang, als auf der Kanzel die Stimme des Priesters begann. Die Stimme war nasal und schallend, kein Wort ging verloren. Noch so lange Sätze kamen ohne Atempause mühelos aus der gedrungenen Gestalt. „Gegrüßt seist du, Marie, du bist voll der Gnade, der Herr ist mit dir." Auf die kräftigen Hände gestützt, arbeitete er gelassen. „Du bist gebenedeit unter den Weibern, und gebenedeit ist die Frucht deines Leibes, Jesus, der für uns Blut geschwitzt hat." Das weiße Chorhemd schwankte nicht, so ruhig arbeitete er.

Antwort der Gemeinde: „Heilige Jungfrau Maria, Muttergottes, bitt für uns arme Sünder! Bitt für uns jetzt und in der Stunde unseres Todes!" Sie sprachen es auf einen Ton, allesamt. Zwischen Herren des täglichen Lebens und denselben Frauen, die jeder anderswo sieht, die aber jetzt hier saßen, knieten Nonnen, Arbeiterinnen – auch junge Männer wollten nicht aufrecht beten.

Sie wurden unwiderstehlich durchdrungen von den immer wiederholten Formeln des Priesters. „Jesus, der für uns Blut geschwitzt hat" – unaufhörlich. Sie mußten die Jungfrau bitten endlos. Bevor die Formel sich veränderte: „Jesus, der für uns gegeißelt worden ist", war der letzte durchdrungen, er kniete. Auch Baronin Hartmann wäre hingekniet. Ein gutgekleideter Herr sah sie, er veranlaßte ein Dienstmädchen, ihr den Sitzplatz zu lassen. „Bitt für uns jetzt und in der Stunde unseres Todes", sagte das Dienstmädchen geduldig. Es ließ die Bank, aber seine Augen ließen nicht den Kranz elektrisch glühender Rosen in der Kapelle links vom Hochaltar.

Es war die Rosenkranz-Kapelle. In Blumen stand auf ihrem Altar die Mutter mit dem Kind, der glühende Kranz umwölbte sie zart. Der Altar hatte nur Dämmerlicht, sie und das Kind in ihrem Kranz erschienen und grüßten mild. „Jesus, der für uns gegeißelt worden ist" – dies Kind! fühlte Baronin Hartmann.

Der große Kirchenraum errichtete seine runde Mauer um gedrängte Menschen. Mit ihren bittenden Stimmen hauchte ihr Atem viel Sorgen und Bitternisse aus, die Luft ward davon schwer. Viel inständigen Drang nach Heilung des Leibes, ausreichendem Erwerb, nach Seelenfrieden, die Luft ward davon brünstig. Sie waren in dieser weithin lagernden Stadt allein, sie beteten auf ihre Art, angeschlossen an Ferne und Ewigkeit. „Jesus, der für uns mit Dornen gekrönt worden ist." Runde Mauer um alle, und in Abständen ringsum, erhöht über die Köpfe, wachten steinerne zwölf Apostel, alte Männer, die Haltung von geziertem Schwung.

„Jesus, der für uns mit Dornen gekrönt worden ist", betete Baronin Hartmann. Jenseits des Hochaltars erblickte sie ihn – ihn selbst weiß auf der Finsternis, so empfing er die weiße Magdalena, die kniete. Die hatte leicht knien! Die Buße lag hinter ihr, hinter ihr lagen Demütigung und Verzicht, den Körper aufgegeben, dem Geld entsagt. Die hatte leicht knien, ihr Stolz war schon gebrochen. Im Grunde verdiente sie Abneigung, am Morgen hatte Baronin Hartmann sie gehaßt. Jetzt erst begriff sie die Magdalena, fing doch an, sie zu begreifen. „Jesus, der für uns das schwere Kreuz getragen hat" – sie betete und hörte trotz der Entfernung auch die Magdalena ihn anbeten.

Viel weiter Entrücktes hörte und sah sie. Alte Stimmen kehrten wieder, sie verdrängten die der gegenwärtigen Beter, jetzt herrschten sie in ihr allein. Minutenlang lebte sie mit allen Sinnen in ihrer Heimatgemeinde, dem Bergdorf ihrer Kindheit. Jener Geruch von Rauch war wieder da, der fallende Bach lärmte wieder. Sie sah auf dem Felsen die Kirche, Eingang und Inneres, sie fühlte sich klein unter Alten. O Herzklopfen und verklärte Augen, auf der Kanzel, beschirmt vom goldenen Baldachin, erstand der junge Pfarrer! „Jesus, der für uns das schwere Kreuz getragen hat ..." Baronin Hartmann erschrak, die eigene Stimme klang ihr im Ohr nach, sie hielt es für die einstige Stimme des elenden Dorfmädchens. Sie horchte. Noch keine Minute, da war sie wieder elend gewesen wie am Anfang des Lebens, hatte mitgeplärrt mit den Elenden, war blöde hingesunken. Fühlte sie denn in sich Mittel und Wege, zurückzukehren dorthin? Dauerte in ihr jenes schwache Kind noch? Sie fürchtete sich. „Bitt für uns jetzt und in der Stunde unseres Todes“, sprach sie mit allen.

„Jesus, der für uns gekreuzigt worden ist“, sprach der gedrungene Priester nasal schallend. Sie sah wohl, wie ehrlich er arbeitete. So war es denn gut und ratsam, von diesem hypnotischen Gebet sich durchdringen zu lassen? Mitzugehn? Den Geist zu ergeben? Sie versuchte ihren Geist – da entwich er schon wieder in seine ältesten Bezirke. Das hochgelegene Kirchlein öffnete sich, hinaus drang die Prozession. Sie zog über die Treppengassen, das Kind mitten darin, barfuß zwischen klappenden Holzschuhen. Ganz vorn schwebte der Gekreuzigte, der Knabe neben dem jungen Pfarrer hielt ihn hoch, blauer Wind umbrauste den Dornenkranz. „Jesus, der für uns gekreuzigt worden ist.“ Dies kam noch oft, Baronin Hartmann antwortete geduldig: „Heilige Jungfrau Maria, Muttergottes, bitt für uns arme Sünder. Bitt für uns jetzt und in der Stunde unseres Todes.“ Sie war leicht betäubt, war auch ungewiß gespannt, hatte aber nichts vor, was zu tun wäre.

Orgel. Der Rosenkranz war zu Ende. Indes die Orgel gespielt ward und alle sangen, erhob sich aus ihrer Bank die Dame, die statt des Dienstmädchens dasaß. Sie berührte das kniende Dienstmädchen, damit es seinen Platz einnähme. Sie selbst trat ihren Weg an durch den dicht besetzten Gang zwischen den Bänken. Sie bat jeden, ihr zu verzeihn. Sie wartete, bis man sich bemühte. Sie sah niemand an, sie hielt unverwandt auf den Beichtstuhl hinten links zwischen den Säulen. Endlich hingelangt, trat sie ein, hinkniend schloß sie über sich den Vorhang. Hinter der dunklen Öffnung der Zwischenwand ahnte sie zwei Augen. In Richtung der Augen ihres Beichtvaters sagte sie:

„Ich heiße Marie.“

Sie wußte nicht weiter. Nun, er hatte schon gesehn, wer hier nahte. Solche kamen um diese Zeit, nach dem Gebet, wenn es Abend ward. Sie kamen aus mehr oder weniger verwirrtem Leben, im Augenblick wußten sie, wie diese, nicht weiter. Er half ihnen, in sich klarer zu sehn, er lehrte sie Gottes wahre Meinung in ihren Sachen erkennen, womöglich auch jene geistige Freundschaft zu Gott. Mit etwas gekräftigter Vernunft schickte er sie zurück in das Leben, mit dem sie sich leider bald wieder berauschten. Grade aus dem Leben und seinen Taten eintreffend, schwankten sie manchmal von Rausch und Verwirrung nach Art dieser feingekleideten Dame. Er begrüßte sie: „Gelobt sei Jesus Christus!“ – „In Ewigkeit, amen“, erwiderte sie ohne Stimme.

„Beginnen Sie doch!“ sagte er, gab ihr auch gleich den Anfang. „Im Namen des Vaters und des Sohnes –“

„Und des Heiligen Geistes, amen.“ Sie hatte Mühe, nicht mit den Zähnen zu klappern, aber die nächsten Worte schossen noch von selbst weiter. „Ich bekenne vor Gott dem Allmächtigen –“ Sie stockte.

Er sagte höflich: „Das Orgelspiel lenkt Sie ab, gleich wird es aufhören. Inzwischen sammeln Sie sich!“

Hatte sie nicht verstanden? Sie begann ihr Bekenntnis von vorn, die Worte schossen diesmal auch über das Hindernis fort. „Daß ich gesündigt habe in Gedanken, Worten und Werken.“

Er überlegte, was dies sei: Ungeübtheit zusammen mit dem feststehenden Geleier eines Kindes. Schon beim Eintritt in den Beichtstuhl hatte die Dame eine verfehlte Bewegung gemacht. Er ward mißtrauisch. Manche Frauen suchten hier anderes als den Empfang des Sakramentes der Buße. Im Gegenteil, sie suchten Abenteuer ... Hart und sachlich sagte er:

„Haben Sie Ihr Gewissen erforscht? Bereuen Sie? Kommen Sie mit gutem Vorsatz? Dann höre ich.“ Die Augen in der Öffnung der Zwischenwand blickten kalt.

Sie fand nichts mehr, nicht einmal Grund zu sprechen. Ihre Sache schien ihr hoffnungslos. Womit anfangen? „Alles ist nur Geldfrage“, sagte sie plötzlich, sich selbst unverhofft. Warum von tausend Sätzen, die kommen mußten, gerade dieser?

„Was soll das heißen?“ sagte er schroff. Seine Augen verschwanden aus der Öffnung.

Sie war tief erschrocken. „Verstehn Sie mich! Hochwürden, ich sage alles. Ich habe verschwendet, das ist es. Ich habe mein Kind mit Geld kaufen müssen. Aber konnte ich ohne Geld seine Mutter sein? Vorher war ich geizig, ja habgierig. Das mußte ich sein, wie ich jetzt weiß, für das Kind. Wie könnte es mich sonst lieben. Ach! ich liebe ihn, als ob ich mich zerfleischte."

„Sie waren geizig. Geiz zum Schaden anderer ist eine Todsünde. Weiter!"

„Bin ich unwert meines Kindes?" fragte sie äußerst dringlich. „Ich hatte es ausgesetzt."

„Sie, eine Reiche? Dann hatten Sie schwer gesündigt, als Sie es empfingen. Unkeuschheit ist eine Todsünde. Aber Sie müssen sie längst gebeichtet haben."

„Ich war unkeusch mein Leben lang", sagte sie hastig, denn zu viel anderes drängte, alles fiel ihr auf einmal ein, verwirrte sich, sie fürchtete, nicht durchzukommen. Sünden wider den Heiligen Geist: „Ich habe in der Unbußfertigkeit vorsätzlich verharrt."

„Und nicht gebeichtet?"

Himmelschreiende Sünden: „Ich habe den Tod von Menschen verschuldet. Ich habe Arme unterdrückt." Fremde Sünden: „Ich habe andere sündigen geheißen." Sie staunte selbst, wie alle einst gelernten Formeln vom Leben angefüllt und volle Wahrheit geworden waren.

Er fragte stark: „Wann haben Sie zuletzt gebeichtet?"

Sie sah seine Augen wieder, fand sich durchschaut, jäh aufgehalten, sie stürzte wie von einem Turm. „Ich weiß nicht", stammelte sie. „Zwanzig Jahre nicht. Noch länger."

„So ist es", sagte er. „Ich sah es."

„Sie sahen es", wiederholte sie gehorsam. Mit Selbstüberwindung, kaum hörbar: „Hochwürden, verlassen Sie mich nicht!"

Sie wartete angstvoll. Endlich entschied er. „Ihr Inneres verlangt nach dem Sakrament der Buße. Sie sind auf dem Wege zur wahren Reue, halten aber weit vom Ziel. Sie müssen sich ernsthaft prüfen, ich gebe Ihnen dafür Zeit."

„Sie schicken mich fort?"

„Ihre Gewissenserforschung braucht um so mehr Zeit und Fleiß, je falscher Sie gelebt und je länger Sie nicht gebeichtet haben. Sie hielten das sechste Gebot Gottes nicht, welches hielten Sie? Es handelt sich für Sie um eine Generalbeichte. Jetzt ist es spät."

„Nicht fortschicken!" Sie unterdrückte noch den Schrei.

„Kommen Sie wieder, wenn Sie gesammelt sprechen können! Gott will nicht angegangen werden vom verwirrten Gefühl. Nur klare geistige Vorstellung soll ihm nahen. Sie müssen gewiß sein, daß Sie ein neues Leben beginnen werden. Dann kommen Sie! Ich will nach drei Tagen für Sie allein hier warten."

Ihr blieb nur übrig zu gehn. Er sagte noch: „Ich will an Sie denken."

In der Kirche, die jetzt leer und fast dunkel lag, wartete eine einzelne Gestalt – kreuzte ihren Weg und betrat den Beichtstuhl. Sie hatte die Gestalt erkannt, das Dienstmädchen, dessen Platz auf der Kirchenbank sie selbst heute eingenommen hatte. Vom Ausgang sah sie lange um, aber der Vorhang des Beichtstuhles blieb geschlossen. Das Dienstmädchen durfte bleiben.

Sie holte zunächst den Schlaf der vorigen Nacht nach. Dann bestellte sie Kleider ab, die Anproben würden sie in ihrer jetzt wichtigeren Aufgabe beirrt haben. Eine geschäftliche Sitzung mußte verschoben werden. Auch nahm sie eine Einladung zurück, gab einem ihrer Diener den erbetenen Urlaub, sie verschaffte sich Stille. Valentin, sogar Kappus glaubten sie verreist. In ihren kühlen, ungestörten Zimmern war sie drei Tage lang einzig bedacht, zu ordnen, was gewesen war. Freilich fand sie schon alle Briefe nach Jahren geschichtet – ein Griff, ein Jahr. Auch die Rechnungsbücher sprachen lückenlos von jeher. Die Zahlen lebten auf, anders als jene Haufen alter Photographien, die eher der Reue hinderlich waren, denn sie hätte die Gesichter hiernach nicht wiedererkannt. Unlängst hatte sie manche von ihnen in apokalyptischen Übertreibungen erblickt.

Sie aß fast nichts, sie wünschte klare geistige Vorstellung zu erlangen – von Gott, seinen Absichten mit ihr, ihren Absichten mit ihm, und ob der Augenblick der Gnade, von dessen Eintreffen in jedem Menschenleben sie einst gehört hatte, wirklich dieser sei. Es war schwer zu erfahren. Unzweifelhaft bestand allein, daß sie ihr Kind liebte, es in Verzweiflung liebte. Wenn Gott wollte, war dies die Gnade. Wenn nicht? ... Ihr schauderte. Sie sagte wohl: „Kein Gefühl! Ich habe Rechnungen abzuschließen.“ Aber das waren nur Erinnerungen an die Zeit ihrer goldbedeckten Himmelskönigin, die für immer in einem Koffer lag. Gedanken kamen, die Rufe waren, Rufe an das Entfernteste, das Kind, das sie selbst einst gewesen war, ja, an die Zeit, da sie nicht gewesen war, die Zeit, die bald wiederkehren sollte.

Das Meer des Ungewissen bot zuletzt einen einzigen Halt, den Gedanken ihres Beichtvaters. Sie sah ihn unablässig dasitzen und an sie denken. Er hatte es ihr versprochen, diesem glaubte sie – indes kein anderer mehr ihr Vertrauen hatte, nein, auch Valentin nicht. Er hatte das unsichere Herz, das alle Lebenden haben, womit sie einander versuchen. Der Gedanke im Beichtstuhl dort hinten schien ihr sicher, er allein besaß Kraft, sie mit Gott zu befreunden, sie auch auszusöhnen mit dem, was sie erlitt.

Einer Unberatenen blieben die Zumutungen des Leidens doch nur harte Schläge im Dunkeln, es war voll Widerspruch. Der Kaplan im Beichtstuhl mochte ihn auflösen. Schon wußte er, daß sie Marie hieß, als einziger nannte er sie in seinen Gedanken Marie. Nur er sollte ihre Geheimnisse hören – noch zwölf Stunden fehlten, noch acht. Sie wartete darauf sehnlich, sich in seine Hände zu geben. Er dachte an sie. Seine Augen waren streng, die Stimme, wenn er wollte, eiskalt. So sollte es sein. Er mußte ein Mann von fünfzig Jahren mit kraftvoll durchfurchtem, kahlem

Denkerkopf sein. Sie hatte ihn nicht gesehn, war aber sicher, ihn überall zu erkennen.

Draußen dämmerte es, da betrat sie die Kirche. Hier herrscht schwach beleuchtete Spannung, es gilt, fasse Mut! Wenige verstreute Beter, der Weg zum Beichtstuhl stand frei, sie ging ihn jugendlichen Schrittes, wie lange keinen Weg. Dennoch waren die Augen, die ihr entgegensahen, schnell genug, um sie abzuschätzen. Der Priester sah: „Diese Frau, die Marie heißt, freut sich zu beichten, die Freude macht sie jünger. Ein Weib wird sichtbar, das noch auf Liebe hofft, sie sind unheilbar. Die Leidenschaft der Reue ist nur bestimmt, sie einer anderen Leidenschaft entgegenzuführen."

Während sie schon anlangte, dachte er noch: „Die niedere Natur ist zu reich in ihnen, nie können sie den geistigen Kampf um Gott bestehn. Bestenfalls überlassen sie ihm ihr unerforschtes Innere. Frauen, ihr seid zuweilen von Gott begnadet worden – mehr als wir, die wir kämpfen. Darum müssen wir euch ehren. Mißtrauen bleibt gleichwohl geboten. Die, die da kommt, wird schwerlich die Begnadete sein." Hier empfing er sie mit dem katholischen Gruß.

Sie begann: „Ich war arm, ich bin von Sünde zu Sünde gegangen, um reich zu werden. Als ich es dann aber geworden war, quälten mich erst die schlimmsten Versuchungen."

„Wer versuchte Sie?"

„Der Präsident."

„Nennen Sie keine Namen! Berichten Sie nichts Zweckloses! Sagen Sie, ob Sie verheiratet sind!"

„Ich bin Witwe."

„Unterhalten Sie sündhafte Beziehungen? Was wollte der Mann, den Sie Präsident nennen?"

„Er wollte –" Sie konnte es nicht ausdrücken, sie merkte, es sei mehr, als sie damals erfaßt hatte – sie erschrak tief.

„Sind Sie ihm gefolgt?“

„Nein. Aber es könnte noch immer geschehen.“ Denn sie fühlte Angst.

„Wozu beichten Sie? Um nachher beruhigt weiterzusündigen? Flüchtige Zerknirschung genügt nicht, Gott schätzt nur den Willen.“

Sie seufzte schwer. „Ich war ein Kind, das Gott sehr liebte, nur darum hatte ich den jungen Pfarrer so lieb. Aber die Sünde, die ich verabscheute, Gott hat sie mir aufgedrängt.“

„Nicht lästern!“

„In meinem Heimatdorf sah ich, ohne es zu wollen, zwei Menschen sündigen. Ich war entsetzt. In mir erstarb durch den Anblick alles menschliche Gefühl – ich glaubte, für immer. Ich beichtete dem jungen Pfarrer, ich sagte, ich würde nie mehr lieben können. Grade ihm sagte ich es, den ich doch geliebt hatte. Wenig später verließ ich mein Dorf und ward unkeusch – sofort, ohne Widerstand. Ich unterlag der Versuchung, je mehr ich sie verabscheute.“

Die Kniende sprach zögernd, rückwärts lauschend. Sie fand es mühselig, ja unergiebiger, als die so sehr ersehnte Beichte hätte sein sollen. Freilich dachte für sie noch jemand. Diese leichte Holzwand trennte sie von einem ganz nur auf sie gerichteten Gedanken.

„Sie verließen Ihr Dorf“, so hörte sie sagen, „weil Sie den, den Sie den jungen Pfarrer nennen, nicht mehr liebten. Um so gieriger verbissen Sie sich in die Welt, das war der Anfang. Sie hatten einen ersten Geliebten. Sie hatten noch viele, dieser aber war der erste. Wie hat er Sie behandelt?“

„Es ist endlos lange her“, sagte sie schwach – aber viel stärker hinter der Wand der Gedanke: „Nein! Es war gestern!“

Worauf sie erstarrte und lange Schauer kommen fühlte. Wovon? Daß hier die Zeit nicht galt und daß es kein Vergessen gab. Daß selbst das Armseligste alles je Erlebten den ganzen Wert der Seele hatte, daß aber die Seele unschätzbar und ewig war.

Auf einmal erblickte sie deutlich das Gesicht ihres ersten Geliebten. „Er war schön“, stammelte sie, die Schultern hochgezogen, mit einer Art Furcht, als könnte er sie noch treffen. „Er schlug mich, aber er war schön und stark, ein Reitknecht. Ich kannte nur ihn, ich sah auf der Welt nur ihn, ich folgte ihm, wohin er ging, zuletzt nach Berlin. Durch seine Liebe blühte ich auf, ich hatte Glück bei den Herren auf seiner Reitbahn. Er schlug mich, aber ich hätte für ihn gemordet. In Berlin hatte er mich nacheinander verstoßen, wiedergenommen, ganz verlassen. Ich arbeitete, ich war ein armes Dienstmädchen. Er wollte auch noch, daß ich mich andern hingab“, schloß sie wild.

„Von wem war Ihr Kind?“

„Wie?“ Ungeformter Laut, ihr war der Atem vergangen.

„Wer war der Vater?“

„Das sage ich nicht.“

„Was haben Sie Ihrem wiedergefundenen Sohn gesagt?“

„Daß ich es nicht weiß. Lieber das als die Wahrheit! Eine allerletzte Scham soll bleiben.“

Da hörte sie den verborgenen Gedanken sagen: „Sie haben Ihr Kind um seines Vaters willen – gehaßt.“

Sie rief schnell: „Nicht lange! Nur bis es da war, nur bis es mich ansah.“ Sie staunte: „Woher wissen Sie? Kann ich es denn hassen? Auch jetzt?“ fragte sie dringlich ... Keine Antwort drüben, aber der Gedanke sprach aus ihr selbst. „Ja. Ich kann es hassen. Auch wenn ich es liebe, kann ich es töten, als haßte ich es. Was geschieht mir!“ Jetzt oder damals? Sie fragte, als sei es jetzt, erlitt aber Gesichte von einst. Das stürmte heftig an wie jüngste Qualen. Sie konnte nur hinstammeln, was sie selbst erst erfuhr – erzählte aber ihren alten Schmerz.

Sie sah und sprach nur nach. Eine Gestalt schlich vor ihr her um die Ecken, unkenntlich verhüllt, die Verlassene, Arbeitslose, die das noch Ungeborene trägt. Am Kanal bei der Laterne erscheint mit ungeheuren Augen des Entsetzens das bleiche Gesicht, umfaßt von dem groben schwarzen Tuch, unter dem die verzweifelten Mädchen ins Wasser gehn ... Eine Hand hält sie noch auf, sie darf nicht sterben, muß gebären. Auch findet sie Arbeit.

Bedienstet in einem rettenden Haus, mit dem Leben schon versöhnt – plötzlich aber war sie wieder am Leben bedroht, denn das Kind ward ihr von der Pflegestelle zurückgebracht. Sie konnte nicht für es bezahlen. Aber niemand durfte von ihm wissen.

Noch einmal die vorige Irrfahrt, und unter dem Tuch der Selbstmörderin das Kind. Es lebt, es sieht dich an, du kannst nicht mehr zu sterben beschließen. Du kannst es nicht töten ... Sie legt es in ein Haustor, braune Nische, zwei Stufen, und läuft. Kehrt atemlos zurück, reißt es an sich ... Welche Qualen, um endlich doch zu handeln, wie es sie am meisten schmerzt! Zuletzt findet sie sich wieder, von wo sie ausgegangen war, nur kraftloser. Dort steht das Haus ihrer Herrschaft, es hat noch immer für sie den Frieden, sie wäre sofort geborgen. Nur das Kind leg fort! Nur das Kind leg fort! Drüben der Brunnen – bezwungen geht sie hin, ihr Herz erlischt.

Sie öffnet das Tuch, das Kind gleitet hervor wie ein Silberstück.

„Der Mond schien ihm ins Gesicht, und es lachte. Mir ward leicht, furchtbar leicht, ich ging in meine Küche und sang. Es war die erste halbe Stunde, oder war es weniger?“

„Sie sind zu dem Brunnen zurückgekehrt? Ihr Kind war fort?“

„Ich hatte noch selbst gesehen, wie ein Mann es forttrug – in das Haus gegenüber. Dort haben sie es aufgezogen. Ich, seine Mutter, die es nicht aufziehn konnte, hörte noch oft seine Stimme. Ich schlich mich um ihr Haus bis in ihren Garten, der Schnee machte meine Füße lautlos. Ich stand am Fleck, sah ihnen ins Fenster, sah Schatten, nur nicht seinen. Nie seinen. Aber ich hörte es weinen. Da beugte ich mich zu dem harten Schnee und weinte selbst – so heiß, daß er schmolz ... Das schlimmste ist, daß ich dies vergessen mußte, damit es mir gut erging. Ich habe nicht wieder geweint und nie mehr im Schnee gekniet.“

„Schwere Sünde! Ihre ärgste Sünde!“ sagte der Beichtvater verschleiert von fern. Die Beichtende erhob befangene Augen nach der Öffnung der Zwischenwand, sah aber nichts, selbst die Stimme war wie zergangen, nur noch geträumt. Dichtes Dunkel, vollkommene Stille, sie wußte nicht, was er sagte, was sie nur träumte. „Dieser Sünde wegen aber könnten Ihnen alle andern vergeben werden. Die andern haben Sie begangen, um glücklicher zu werden, diese allein um des heilsamen Leidens willen.“ ... Vollkommene Stille.

Plötzlich sein klarer Ton. „Sie sollen Ihre Sünden vor sich haben wie ein häßliches Geschöpf. Nicht soll die Beichte Ihnen den Reiz der Sünde vermehren. Bedenken Sie es, indes Sie weitersprechen!“

„Ich weiß“, sagte sie. „Denn alles, was in meinem Leben wie Glück aussah, war im Grunde nur Strafe Gottes für jene meine schwerste Sünde. Ich mußte weitersündigen. Sofort darauf hatte ich Glück. Ein reicher Mann nahm sich meiner an. Er war gütig, wie ich jetzt sehe. Ich weiß aber jetzt auch, was Güte bedeutet bei Alternden. Ich strafte ihn für seine späte Herzensregung, wie es sich gehört. An ihm nahm ich Rache für alles Erlittene, alles Entbehrte. Ich forderte unermüdlich Glanz. Ach! wie wunderbar die Welt erglänzen kann – mit achtzehn Jahren! Meine Welt war einmal achtzehn Jahre alt! Der dreifach Ältere bezahlte sie mir, bevor er entgeistert abging. Er ließ mich zurück mit etwas Geld und viel erworbener Härte. Vermittels ihrer vermehrte ich das Geld.“

Sie sprach ungestört in sich hinein. „Die Geschäfte brachten mir nicht nur Geld. Ich erwarb Würde, die Bestätigung der Welt. Ohne Geld kein inneres Gleichgewicht – für mich, an meinem Platz. Jetzt brachte ich vielen andern Unglück. Selbst Unglück haben oder andern Unglück bringen, ich habe nicht erfahren, daß sich auf dritte Art leben läßt.“

Ein Gedanke, den sie halb vergessen hatte, fragte: „Haben Sie sich gegen das siebente Gebot vergangen?“

„Nein. Ich habe es nur übersehen. Wir übersehen es alle.“

„Nein? Dann beschuldigen Sie sich leichtfertig! Geldgeschäfte sind wie die andern niedrigen Dinge der Welt: Gott, der seiner Welt nicht fremd ist, hat auch sie gewollt. Er verständigt sich mit Ihnen und Ihrer Natur durch Niedriges."

Sie sagte überzeugt und schwer: „Hochwürden, Sie kennen die Reichen nicht. Kein Reicher hat je einen bis ins Tiefste guten Gedanken. Sie können es nicht wissen, Hochwürden. Der vom Nadelöhr und dem Reichen sprach, wußte es."

Der andere Gedanke fiel heftig ein. „Keinen Stolz! Sie folgen nur Ihrem Stolz, wenn Sie sich der Habsucht bezichtigen. Sie waren sogar habsüchtig aus Stolz. Sie wollen urteilen über die Welt? Keine Leidenschaft trübt das Vermögen zu urteilen, das von Gott ist – wie der Stolz. Hüten Sie sich! Er ist Todsünde – und von den sieben die erste."

Worauf sie verstummte. Mehrmals wollte sie antworten, blieb aber stumm. Wie? Sie war ihrer Sache gewiß – noch soeben. Sie hatte teuer bezahltes geheimes Wissen, nur war es vergiftet am Ursprung, es fiel dahin, es war kein Wissen mehr. Was in ihr feststand noch soeben, erwies sich als Rauch, zufällig geformt von einer ihrer versteckten Leidenschaften ... Ihr ward es schwül und ungewiß, jetzt erst fürchtete sie sich. Sie fürchtete hinter dem dünnen Holz, an das sie tastete, den alles entlarvenden Gedanken. Wollte er sie zuletzt durchscheinend und ohne den Halt der letzten Täuschung vor Gott hinwerfen? Sie fürchtete sich.

Der Gedanke wartete, bis sie ihm demütig genug war, da fragte er:

„Was taten Sie mit Ihrem Geld?"

Sie wollte sagen: „Ich kaufte mir einen Mann mit adeligem Namen." Sie stammelte, bis er verstand. Er fragte:

„Sie lebten damals nicht mehr in Sünden gegen das sechste Gebot?"

Sie schwieg, um nicht die Wahrheit aus Stolz zu sagen. Sie traute sich selbst nicht mehr, Sünden konnten Verdienste, Zerknirschung aber konnte Stolz sein. So haßte sie Valentin, den sie doch liebte! Hätte für ihn ihr Leben lassen und ihn dabei töten können. Was sie im ganzen Leben getan hatte, schien ihr an ihm getan, die innere Welt aber darum ins Schwanken geraten, weil sie sein Bild war.

„Sie sündigten noch immer gegen das sechste Gebot?"

„Ich bin in die Welt einzig und allein verwickelt worden durch meine Sinnlichkeit. Der erste meiner Liebhaber war schön und stark, ein Reitknecht."

„Verweilen Sie nicht! Wecken Sie keine unkeuschen Bilder!"

„Wenn doch alles, was vorging, unkeusch war – bei weitem nicht nur meine Handlungen! Ich hing an den Eindrücken der Sinne, von Menschen wollte ich nicht allein ihr Geld, auch ihr Menschliches, ihre Blutnähe und alles, was sie mich fühlen ließen. Ich hatte Augen, Ohren, alle Sinne und das Blut voll Menschentum. Sie konnten mich nur so um sich betrügen, daß sie starben. Ich habe sogar wohlgetan – nicht um Gottes willen, nur um der Blutnähe willen. Ich fürchte, noch was ich gedacht habe, war Blutdunst. Was mein Kopf tat, und ob er sich bis nahe an Gott vermaß, ob er betete – Blutdunst."

„Das Gebet des Menschen, der sich demütigt, dringt durch die Wolken." Die Stimme ward drohend. „Sie aber fügen zu allem andern noch den Zweifel an der Güte Gottes. Sie setzen seine gesamte Schöpfung herab, um selbst als überlegen dazustehn. Aber nichts ist geschehn, als daß der Teufel, wie so oft, durch Ihre Phantasie bei Ihnen eingedrungen ist, um endlich auch Ihren Willen zu erfassen. Unglückliche, merken Sie nicht, daß nur Ihr unverbesserlicher Stolz Sie in immer ärgere Fallen verstrickt? Nichts brauchen Sie dringender als Verdemütigung."

Da von ihr keine Regung kam, verlangte er kurz: „Antworten Sie ohne alle Umschweife auf meine Fragen! Sie waren Ihrem Gatten treu?"

„Er starb freiwillig, wir hatten uns nicht besessen."

„Weil er starb?"

„Weil ich nicht wollte. Weil ich sah, daß er mich liebte, anstatt mir einfach seinen Namen zu verkaufen. Weil ich ihn dafür verachtete. Weil ich nur liebe, wo es Unheil bringt."

„Seit wann wissen Sie das? Antworten Sie mit Bedacht!"

„Ein anderer Mann, den ich heftig liebte, hatte mich bestohlen und wollte mich verlassen. Ich brachte ihn vor Gericht, er ist zugrunde gegangen. Soll ich noch mehr sagen?"

„Wann erinnerten Sie sich Ihres ausgesetzten Kindes?"

„Als es für mich spät und einsam wurde. Als nichts anderes mir noch blieb, zu lieben und zu verderben."

„Wodurch nur verderben Sie Ihren Sohn?"

„Mit Geld. Ich kaufe ihn. Wie alles vorher, jetzt auch ihn. Ich komme über ihn mit meinem Geld wie eine Strafe. Er lebte solange im Gehorsam und Frieden."

Hier schwieg der um sie bemühte Gedanke, schwieg länger als je vorher. Sie fühlte eine Wendung nahen, ihr ward es kalt, noch ehe er sprach.

„Kann denn auch eine Mutter ihren Sohn verderben?" sagte der Gedanke. „Das ist unmöglich, wenn es eine Mutter ist."

„Ich bin seine Mutter!"

„Dann lieben Sie ihn gewiß auch so. Dann treten Sie zu ihm das Herz voll Güte. Ist es, wie ich sage? Sie lieben, wen er liebt. Sie verzichten noch eher darauf, ihn zu sehen, als ihn zu beirren."

„Wenn es so wäre!"

„Wie lieben Sie ihn dann?"

Sie stockte, sie stieß hervor: „Mit Eifersucht. Ich hasse seine falsche Mutter, seine Verlobte, alle um ihn. Ich hasse auch ihn – weil er nicht mir allein gehört!"

„Wie lieben Sie ihn dann?"

Sie hörte den dunkel drohenden Gedanken nicht. Aus ihr brach alle Leidenschaft. „In Verzweiflung!" rief sie. „Ich will ihn töten, nein, lieber sterben, ich will ihn verjagen, aber doch an mich reißen. Ich bin irre. Ich habe mich schon verloren – und bald auch ihn!"

„Wie lieben Sie ihn?“ fragte der Gedanke unheimlich leise, so durchdringend leise, daß sie ihn hören mußte.

„Wie?“ sagte sie verstört. „Als mein Kind. Wie denn sonst? Ich muß doch mein Kind für mich haben.“

„Haben Sie seinen Anblick begehrt? Nicht ertragen, daß er fortblieb? Schrien Sie des Nachts nach ihm?“

„Ja, es ist mein Kind.“

„Lockten Sie ihn an sich mit List und mit Gewalt?“

Sie keuchte. „Ja.“

„Haben Sie sich seinetwegen gemessen mit andern Frauen? ... Sich sogar entblößt vor ihm? ... War er beschämt durch Sie, seine Mutter? ... Und Sie, schmeckte nicht Ihnen alles – nach Schande?“

Erstarren – „jetzt werde ich aufschreien“, fühlte sie, „jetzt schreie ich.“ Aber kein Laut kam. Sie erstickte, warf die Arme um sich, fing den Vorhang, floh schon. Sie floh aus dem Beichtstuhl, sie taumelte dahin, geschlagen und betäubt. Plötzlich erinnerte sie sich wieder. „Nein!“ schrie sie. „Nein!“ und taumelte schneller durch das Dunkel des Hauses. Es hallte leer, eine ferne Ampel schien die einzige Hoffnung. Die Taumelnde hielt sich Schritt für Schritt an der runden Wand.

„Der Präsident!“ sah sie plötzlich, als erhöbe er selbst sich aus dem Dunkel. „Schon der Präsident hat geglaubt, ich liebte Valentin wie einen Mann. Ich hatte ihn nicht verstanden bis jetzt. Doch! Vorhin, einen Augenblick ahnte ich schon, was kommen wollte. Die Wahrheit kommt mir seit langem näher, immer näher. Ach! ich ahne sie schon längst ... Nein! Nicht Wahrheit! Es ist nicht Wahrheit! Nein!“ schrie sie nochmals, aber schwächer, mit jedem Laut schwächer. Sie taumelte herbei – in Pausen, mit Versuchen der Umkehr, aber die runde Mauer brachte sie von selbst ans Ziel. Sie hatte eine weite, schwere Reise gemacht, todmüde langte sie an. Da war sie wieder. Im Beichtstuhl kniete sie wieder.

„Gestehen Sie“, sagte der Gedanke, qualvoll drängend wie in ihr selbst. „Legen Sie den menschlichen Stolz ab, sprechen Sie aus tiefinnerster Seele: ich armer sündiger Mensch!“

Sie rang mit sich um ein Wort. Er half ihr ringen, jeder fühlte die Not des andern in seiner eigenen.

„Nicht Menschen hast du belogen, sondern Gott, sprach Petrus zu Ananias. So sage auch ich Ihnen, so bitte auch ich Sie: bemänteln Sie Ihre große Sünde nicht! Belügen Sie Gott nicht! Ich weiß, daß Sie Ihre Sünde jetzt erkannt haben. Sünde kann nur sein, was wir erkannt haben. Sie haben erkannt, jetzt beichten Sie!“

Er war stürmisch und rauh gewesen, er ward weich. „Erleichtern Sie sich durch eine gute Beichte! Nachher werden Sie frei und verjüngt dastehn, die Hölle kann Sie nicht mehr schrecken.“

Er wartete. Da er sie, tief unter sich, schwer atmen hörte, befahl er: „Werfen Sie einen Blick in den Abgrund der Hölle! Ihnen graust. Eine Beichte, in der Sie eine schwere Sünde verschweigen, trägt Ihnen weder Sündenvergebung noch Gewissensruhe.“

Sie wimmerte. Hier begriff sie zuerst wieder, wie einst als Kind, daß es ernst sei und was ihr drohe. Sie wimmerte: „Hochwürdiger Vater, erretten Sie mich!“

Er bat weich: „Haben Sie Mitleid mit sich selbst, liebe Frau!“

„Ich kann nicht“, fühlte sie, „und wenn sofort die Flamme mich faßte!“ Da hörte sie Stöhnen – erstickt, wie von jemand, der das Gesicht in die Hände preßt.

Nach der Pause sagte er entschlossen: „Ich kann Ihnen die Absolution nicht erteilen. Ihre Sünde ist ungewöhnlich und schwer zu vergeben. Auch sind Sie nicht bußfertig. Meine Verantwortung wäre zu groß. Ich muß den Fall meinen geistlichen Oberen vortragen.“

Sie fühlte: „Könnte ich sprechen, wie er will! Ich will sprechen.“

Da sagte er:

„Des einen kann ich Sie schon jetzt versichern: Sie werden die nächste Gelegenheit zur Sünde meiden müssen.“ Durchdringend: „Sie dürfen ihn nicht wiedersehn.“

Sie schrie auf. „Ihn nicht wiedersehn? Daraus wird nichts. Lieber sterben! Vieltausendmal lieber sterben!“

„Sie?“ fragte er. „Eine gläubige Frau, Sie wären so schwach? Gott braucht keine Schwachen, der Glaube ist nicht Sache der Schwachen. Er gehört, wie alles, den Starken. Ein großer Gläubiger hat soviel Kraft wie ein großer Eroberer. Bedenken Sie es! Waren Sie im Leben nicht stark? Sie sollen weiterleben! Sie sollen büßen.“

Er hatte sie an ihre Kraft erinnert, sie stand auf. Von der andern Seite trat auch er aus dem Beichtstuhl, sie sah ihn. Erstaunen, er war ein junger Mann! Sein Gesicht war nicht ehern, wie sie es gedacht hatte, es blickte vom überstandenen Kampf sogar verwirrt, ihr eigenes konnte verstörter nicht sein. Er sah nichts in diesem Zustand, er sah sie nicht, obwohl sie einander anblickten. Vielleicht auch, daß diese tiefen, eifrigen Augen niemals etwas anderes sahen als ihren eigenen Gedanken. Er war wohlgestaltet und hatte unter seiner erdachten Blässe gesundes Blut. Wie aus Zerstreutheit lächelte einmal die Umgebung der Augen. Gleich darauf war er sich wieder der ungeheuren Lage bewußt, seine Brauen hoben sich spitz zueinander, gemeinsam übergiebelten sie beide Augen. Ein Dreieck entstand, sie dachte sofort des Dreiecks an der Kirchenfront, worin alle Gestalten der höchsten entgegenzogen.

Sie empfing dies alles mit ihren geübten Sinnen, sogar im Dunkeln. Der Kaplan legte Stola und Chorhemd ab, er sagte weltläufig, es sei spät geworden, man habe die Kirche inzwischen geschlossen. Er winkte ihr mit der Hand, um sie eilig und so gebückt, als wollte er sich unsichtbar machen, zum Ausgang durch die Beichtkapelle zu führen. Sie bemerkte noch, daß die Hand gepflegt war. Er trug feine Schuhe. Das geistliche Kleid machte ihm die moderne, tiefsitzende Hüftenlinie und breite Schultern.

Sie schlief erschöpft, nach jedem Aufwachen stürzte sie sich nochmals in das einzig rettende traumlose Dunkel. Auch dieser Morgen war aber gekommen, da sah sie auf einmal, was nur die Nacht noch hinausgeschoben hatte, sah sich und ihren Bestand hüllenlos. Sie schrie in ihrem Zimmer laut auf. Dann hielt sie so lange wie möglich den Atem an, lauschend, ob es vorübergehe.

Es blieb. Sie bestellte das Auto, bis nachmittags machte sie Geschäftsbesuche. Von Kappus verlangte sie Geld für die Villa in Heringsdorf, sie sollte bezogen werden, die Hochzeit stand bevor. Er wollte nicht hören. Sie habe beträchtliche Verluste erlitten, behauptete er. Ihre Eingänge verzögerten sich – wobei er heimlich feststellte, daß die Vogel von Lambart ihm schon bald soviel für sie schuldeten, wie seine Freundin ihnen gegeben hatte. Er hatte für sie gearbeitet. Die Villa in Heringsdorf, die sie dem Jungen bezahlte, konnte er ihm pfänden lassen ... Da erschrak er, denn sie übergab ihm ihr Testament.

Sie eilte weiter – um endlich doch zu erkennen, daß kein Entkommen war. Sie blieb, wohin sie immer floh, im Kerker. Kein anderer als der Gedanke hatte sie hineingeschleudert. Nur er konnte sie daraus erlösen. Sie hatte ihm Genüge zu tun. Sie mußte sich reinigen vor ihm. Büße!

„Und wie? Mein Kind nicht wiedersehn!"

Sie war zu Hause, draußen läutete jemand, sie unterschied, wer. Seine Stimme – sie zitterte ihm entgegen. Als aber schon die Tür sich bewegte, aufging, ihn bringen wollte – floh sie. Noch sah sie sein befremdetes Gesicht. Was er alles nicht wußte! Was jene dort, bei ihm zu Hause, nicht wußten! Sie begriff ihn mit unter jene, in dieser Minute verachtete sie ihn. „Könnte ich ihn haben! Ich will ihn rufen!" Dennoch verachtete sie die Welt derer, die um sich nicht wußten, sich nicht verantworteten – die Welt, in der nicht dies Gewitter war.

Sie atmete Gewitter, die Brust gepeitscht vom Sturm, und nie geahntes, höllenhaftes Licht flog um sie her. Sie sagte wohl: „Was ist es? Noch ist nichts geschehn. Ich will nicht." Aber es war geschehen, denn es war gesprochen. Jetzt strich gelbes Licht über ihren einstigen Traum, worin sie Valentin verwechselt hatte mit ihrem Geliebten. Alle Träume flammten auf, waren Wirklichkeit, die von ihr forderte, sie zu bekennen.

Zwei Tage lebte sie so, dann kehrte sie zurück in die Sankt-Hedwigs-Kirche. Sie fragte nach dem Kaplan, geduldig erwartete sie seine Zeit. Sie bat ihn um seinen Beschluß. Er sagte, für sie gebe es nur volle Umkehr. Die Wende ihres Lebens müsse sie ganz ergreifen, wie vorher der Fall. „Werden Sie begnadet werden? Die Gnade ist ein Geheimnis Gottes. Uns gab er den Willen, wir sollen kämpfen ..." Er nannte ihr als Schauplatz ihres schwersten Kampfes ein Exerzitienhaus draußen im Lande. Sie werde die vorgeschriebene Anzahl von Tagen dort leben. Sie werde mit niemand sprechen und wie alle andern vom Exerzitienmeister sich zu ihrem Heil befehligen lassen. Die Vereinigung mit Gott werde dort erreicht durch zielbewußtes Vorgehn, unter Bindung an wohlerwogene Betrachtungen und Übungen, mit Einfügung in eine bestimmte Ordnung des äußeren Lebens.

Sie neigte die Stirn. Er sah endlich, daß sie vor großer Ermüdung kaum stehen konnte und widerstandslos vor sich hin weinte. Er nahm ihre Hand, er war erschrocken. „Die Beichte soll keine Folter sein", murmelte er. „Sie soll den Frieden bringen, nicht rauben. Gehen Sie mit Gott – Frau Marie." Er wußte für sie keinen andern Namen.

Sie ging und ließ einpacken. Sie verreise, unbestimmt, wie lange, mehr erfuhr niemand. Wenn Valentin kam und nach ihr fragte, mehr erfuhr er nicht. Sie nahm eine Autodroschke, sogar der Bahnhof, von dem sie abreiste, blieb unbekannt. Am Abend suchte sie ihren Weg durch die unbegangenen Straßen einer Kleinstadt, fand einen hoch umschlossenen Garten, ein Tor, das dunkel und lautlos vor ihr aufging, das aber, als sie noch umsah, schon zugefallen war.

Siebtes Kapitel

Als Marie zurückkehrte, litt sie nicht mehr. Sie hatte in jenem Hause nochmals eine vollständige Beichte abgelegt und war nun losgesprochen. Hinter ihr lag mit seiner Sündenpracht ein abgefertigter Lebensabschnitt, sie hatte nicht darauf zurückzukommen. Es gab nichts mehr zu bereuen aus jenen Zeiten. Auch die Wünsche von damals waren dort zurückgelassen. Sie waren es wirklich, Marie litt an ihnen nicht mehr, sie hoffte sogar – hoffte auf ihre höhere Erfüllung für später, wenn Gott selbst die Mutter mit ihrem Kinde vereinigt und ihr erlaubt, seine Mutter zu sein.

Sie litt nicht mehr, nur fürchtete sie sich, wie Genesene vor Rückfällen. Das Sakrament der Buße kann dich retten. Es kann dich aber auch der Verzweiflung näherbringen. Wie, wenn deine Natur ihm dennoch nicht gewachsen war? Nach Rückfällen stände es mit dir schlimmer als vorher, zur Zeit der Unwissenheit. Vor allem sei streng gegen neue Selbsttäuschungen! Wärest du von neuem wieder bereit, dir deine verbrecherischste Verirrung als heilig vorzuspiegeln? Bleibe klar, bleibe rein! Nur immer darauf bedacht, daß die Wohltat des empfangenen Sakramentes in dir fortwirke – in deiner armen, vom Leben schwankenden Natur, was schwer, ja, fast unmöglich ist. Aber du mußt Mut behalten. Der Kaplan von Sankt Hedwig glaubte nicht sehr fest an die Gnade, aber er forderte Willen.

Sicherer wäre gewesen, den Versuchungen keine Gelegenheit zu geben, dem Versucher nicht unter die Augen zu treten. Ihr zweiter Beichtvater war andrer Meinung. Er verlangte im Gegenteil, daß sie kein Ärgernis gebe, sondern zur Hochzeit ihres Sohnes gehe. Vergebens bat sie um Erlassung der Pflicht. Sie gehorchte, fuhr nach Heringsdorf, sie bezog ihr Zimmer in der Villa, die sie erwartete.

Zum Glück blieb er noch aus. Der Hochzeitstag sollte Sonntag sein, sie kam schon Mitte der Woche. Die Generalin sagte, nachdem sie beim Anblick Maries zuerst gestutzt hatte: „Der Präsident läßt Valentin nicht vor Sonnabend her. Valentin ist ihm unentbehrlich geworden. Wissen Sie, daß er jetzt beim Präsidenten Privatsekretär ist? Sie sehen übrigens glänzend erholt aus, meine Liebe."

Da sie über ihre Herkunft schwieg, ward der Form wegen angenommen, daß sie irgendeine Kur gebraucht habe. Alle kamen mit, sie durch das Haus zu führen. Es hatte kahle Zimmer, die Möbel, noch siebziger Jahre, waren aus Mahagoni und Plüsch, aber in einem schräge geneigten Spiegel stieg eine dunstblaue Fläche auf und nieder, die See.

Als ihr Zimmer geöffnet wurde und der Seewind hindurchfuhr, sagte der General: „Baronin, ich bitte gehorsamst, Sie bei Ihrem Eintritt mit den Rosen des Gartens begrüßen zu dürfen", und auch der Professor zog hinter dem Rücken seinen Strauß hervor. Die Generalin bemerkte: „Ihr Zimmer ist noch das beste. Gerümpel steht überall, und wenn Sie den sonderbaren Duft gerochen hätten, der darin war. Wir werden umbauen und neu einrichten, Valentin macht jetzt Karriere."

„Ich wünsche es sehnlichst", sagte Marie. Die junge Prinzessin, die sie nur immer betrachtet hatte – länger als je und als hätte sie Marie so nicht gekannt, küßte plötzlich ihre Hand. Hierauf sagte Marie, wie dankbar sie sei für dieses schöne Zimmer, gewiß wirklich das schönste, für die Rosen, den Balkon zur See hinaus.

„Er liegt über der Terrasse, wo wir Sie erwarten", sagte der General, man verließ sie. Marie küßte die Generalin.

Sie blieb vor dem Fenster stehn, erleichtert, weil sie schweigen durfte. Sie hätte sogar lieber vermieden, umherzugehn, Schritte, die drunten vielleicht hörbar wurden. Auch wollte sie niemandem ihren veränderten Anblick vorhalten. Könnte doch alles, was hier geschehn sollte, wenigstens nur vor ihrer Larve geschehn, nicht aber vor ihrer Seele! Hier trieben sie es weiter, als gäbe es jene Welt nicht, aus der sie selbst zurückkam, die an ihr selbst noch haftete. Dafür freilich hatten sie nichts getan, was von der Ewigkeit her sie bedroht hätte. Auch die Generalin, was sonst über sie zu sagen wäre, von der Ewigkeit her war sie nicht bedroht. Als Marie dies bedachte, hatte sie sich gedemütigt und die Generalin geküßt.

Drunten fragte der General: „Wie findest du sie?“ Da seine Frau die Achseln zuckte, erklärte er selbst: „Erschreckend verändert – wenn auch doch wieder vorteilhaft.“

„Warum sollte sie nicht schlank werden, sie hatte es nötig.“ Die Generalin verbesserte sich. „Nun ist sie gleich stockmager, sieht geradezu gewachsen aus – und den Augen wünsche ich für täglich nicht zu begegnen“, schloß sie ungeduldig.

„Sie muß etwas erlebt haben.“

„Wir erleben selbst genug“, sagte sie.

„Immerhin“, sagte der General. Er fand mehr als nur die Spur von unser aller Leben in dem Gesicht der Veränderten. Es war schmaler geworden, auch weicher, auch mürber, ja, die Augen lagen eingesenkt in braune Schatten. Vor allem verbreitete die am Mund nun schon gefaltete Haut den Eindruck von Stille, dies war merkwürdig. Menschen werden doch höchstens unruhiger? Was einem zum Schluß bevorsteht, davon ist nicht viel Rühmen zu machen. Wer wird zuletzt noch wie ein Kind erweiterte Augen bekommen, die staunen, drängen und die auch andre auf fernliegende Gedanken bringen ... Der General hatte einen ziemlich heftigen Gallensteinanfall kurz hinter sich, er fürchtete sich, zu essen, er hungerte lieber, das stimmte ihn empfänglich.

„Mir gefällt ihre Farbe nicht“, sagte die Generalin. „Überhaupt geht alles viel zu schnell bei ihr, es muß einen inneren Grund haben. Ich würde mich nicht wundern, wenn es Karzinom wäre.“

Der General hatte eine Ahnung, als habe noch eher seine Frau als ein Krebsgeschwür an jenen Veränderungen mitgewirkt. Er war mit ihr weniger einverstanden als je, desto höflicher nahm er Abschied, um mit dem Professor Schach zu spielen. Die Prinzessin ging baden.

Marie sah sie von oben. Die Haut des jungen Mädchens war blond gebräunt, viel Haut, das helle Kleid bedeckte nicht mehr als ein Schurz. Im Garten in der Sonne legte sie beide Hände auf den geschorenen Nacken und drehte sich um sich selbst, das erstemal langsam, dann schneller. Das angeklebte kurze Haar flog auf, es stand waagrecht hell um den Kopf. Das bunte Gesicht verschwamm, die langen Beine, die spitzen Arme wurden ganz Bewegung, nur noch ein Rad weißen Körpers schwang ... Plötzlich stand es, das junge Mädchen sprang, von der Anstrengung nur munterer, hinab auf den Strand. Vor dem Haus über den Fußweg, schon watete sie im Sand. Auf halbem Weg zum Wasser verschwand sie in dem Badekarren.

Der Strand war leer, vielleicht, weil viele seit dem Mittagessen noch schliefen, denn jedes Stück Sand und Meer wartete geduldig auf die Bewohner der Villa, die davor hingestellt war. Dies war die Villenreihe gegen Ahlbeck, bevor der Wald beginnt. Das Haus lag tief im Garten, Rosengebüsch unter seiner grauen Terrasse. Der Strand von oben gesehen erschien silbrig, er verdunkelte sich nach dem Wasser, das weißblau ruhte. Der Himmel stieg daraus auf wie durchleuchteter Nebel, nicht anders, als Möwen daraus aufstiegen. Es roch nach Weite, man glaubte sich allein.

Marie prüfte ihr Herz. Sie wartete, daß das junge Mädchen den Badekarren verlasse, damit sie genauer erfahre, was sie zu fühlen nahe war. Drohte ihr, Haß zu fühlen? Diese junge Prinzessin hatte sich hier wie ein Rad gedreht in der Sonne – die ganze Zeit, während Marie im Bußhause auf ihren Knien lag. Jenes Haus hatte Vortragssaal und Kapelle, von früh bis abends pilgerte man dazwischen hin und her. Kein Knicksen war erlaubt, es hieß, das Knie bis auf den Boden beugen. Es hieß arbeiten, in Betrachtungen verarbeiten, was dir gepredigt worden war, ja, deiner Sünden klar bewußt jede Stunde des Tages, noch als letztes vor dem Schlafen um die Gnade eines seligen Todes beten.

Alles in Gemeinschaft, aber stumm. Sie aßen um denselben Tisch, vernahmen die gleichen Mahnungen über den Zweck des Menschen, über den Tod – nur kein Wort war erlaubt zueinander. Namenlos und ohne Sprache vergehst du mit deiner armen Seele in der Schar, die herzlich und derb hier geweidet wird. Lerne Abhängigkeit, erkenne die Armut wieder, sorgengraue Gesichter, das grobe Essen, die getünchte Wand. Sei streng mit dir allein und doch wie alle Welt ... Sie hatte sich empört, da war von den andern für ihre Unterwerfung gebetet worden. Das machte, daß auch sie mitbetete für sich. Nun ward sie ergeben, sogar Begeisterung kam. Aber endlich kam Liebe.

O getünchtes Zimmerchen, Fleck auf Erden, der noch mein ist, harter Boden, diese Knie drückst du. Ich habe über mir als einzigen Herrn das Kreuz, das blutrote Bild meiner Sünden. Der Gekreuzigte ruft mir zu: Sieh hier dein Werk! Ich schwöre ihm: keine Todsünde mehr in meinem Leben! – und ich liebe, mit meinen Augen, die in keine andern mehr blicken sollen, seinen verlöschenden nachzusehn. Ich fühle Gedanken, die seine und mir nur hier erlaubt sind. Dies Zimmer nimmt sie auf und verwahrt sie, es ist endlich durchtränkt, wie nie ein andres war, von den Arbeiten meines Gemütes. Nun ich es verlassen muß, fürchte ich, obwohl von meinen Sünden losgesprochen, zu viel von mir hier zu verlassen. Noch sehe ich um: hilf mir, zu bleiben, was ich hier war! ...

Da traf Marie auf der blauen Fläche, die weithin vor ihr ruhte, einen helleren Punkt. Sie hatte noch Augen wie als Kind, sonst hätte sie nicht erkennen können: die Prinzessin – der helle Punkt dort hinten ist alles, worauf es jetzt ankommt, das große Ereignis. Sie hielt den Atem an, sie lauschte. Auf einmal war es entschieden, ganz einfach und still: sie liebte jenen hellen Punkt, liebte die junge, törichte Adele als ihr Kind, wie Valentin. Auch seinetwegen, erkannte sie, war nichts zu fürchten. Sie gönnte ihm Adele und seine Jugend. Dies war geordnet, sie konnte getrost hinuntergehn.

Drunten hatte der Professor seinen Freund schachmatt gesetzt. Er war guter Dinge, indes der General bedachte, daß hauptsächlich seelische Erregungen seine schrecklichen Anfälle auslösten und daß im Hause Stoff dazu sei.

Der Professor sagte: „Wie sich das trifft! Jetzt heiratet meine Prinzessin, dann trete ich mein neues Lehramt an. Es hätte vom Schicksal doch auch weniger gut abgepaßt werden können.“

„Sie sind der geborene Glückspilz, lieber Freund“, sagte der General aus Höflichkeit, denn die Unbefangenheit des Glücklichen fing an, ihm lästig zu fallen. „Eine Professur an einer so bedeutenden Hochschule!“

„Man beruft mich“, erklärte der Professor. „Es ist wahr, man holt mich. Freilich hat man sich Zeit gelassen. Wenn man sich jetzt auf meine historischen Untersuchungen stützt, ist leider zu sagen, daß sie schon alt sind. Inzwischen hatte ich andre Sorgen.“ Seine Heiterkeit bedeckte sich, sein Freund fand sie derart viel angenehmer.

„Ich mußte leben“, sagte der Professor, „denn die Prinzessin mußte leben. Da habe ich unverantwortliche Dinge getan. Vielmehr, unverantwortlich wären meine verfilmten Geschichtsfälschungen nur, wenn nicht die ganze zeitgenössische Gesellschaft sie verantwortete. Den herrschenden Interessen sind sie nützlich, daher meine Erfolge. Wer sollte Erfolge heute noch bezahlen außer den herrschenden Interessen, und sie bezahlen nur geleistete Dienste. Das ist nicht rühmlich für mich, gegen den Strom schwimmen verlangt mehr Kraft. Auch die Universität beruft mich im Grunde für meine Filme, es ist nicht rühmlich. Aber, lieber Freund, jedes Glück hat sein Gesicht. Man muß es zu empfangen wissen.“

Wehmut, viel Wehmut bei tiefinnerer Heiterkeit, sein Freund faßte um so mehr Vertrauen, er beschloß, ihm von den beunruhigenden Zeichen der eigenen Krankheit zu sprechen. Er nahm seinen Arm. Die Freunde wandelten auf der Terrasse.

Die Generalin inzwischen irrte durch das Haus. Sie war einmal sogar an der Tür der Fremden, ob sie noch nicht herauskäme. Gleich daraufkam sie wirklich, die Generalin konnte grade noch verschwinden. Sie ließ die andre die Treppe hinuntergehn, sie wartete droben – aus Unentschlossenheit, aus ratloser Erbitterung über ihr Geschick.

Sie hatte ihre Träume nicht wahr gemacht. Valentin war noch immer nicht reich, die Prinzessin hatte keine Mitgift, weder vom Präsidenten noch von Baronin Hartmann. Die Achtung der Generalin vor Baronin Hartmann war gestiegen, sie hielt sie für die Geschicktere. Bei dem Präsidenten kannte sie Druckmittel, kein Zweifel, es waren unwiderstehliche. Nur der Mut, sie anzuwenden! Man war nicht umsonst ein Leben lang die geschmackvolle Dame. Dennoch drängte die Tat, in drei Tagen wird nur noch schwer etwas zu ändern sein.

Die Generalin legte keinen Wert darauf, daß ihr vermögensloser Sohn die arme Prinzessin heirate. Offen dagegen aufzutreten hätte ein falsches Licht geworfen auf eine Frau wie sie. Was aber blieb einer Baronin Hartmann viel zu verlieren. Der Generalin hatte sie Enttäuschungen genug bereitet, mochte sie ihr in diesem äußersten Fall doch helfen. Die Generalin entschloß sich. Glänzenden Auges betrat sie den Salon.

„Allein, Baronin? Die Prinzessin badet noch immer? Sie ist im Wasser nicht mehr zu sehn. Wird auf der Promenade sein. Finden Sie nicht auch, daß sie kokett wird? Das arme Ding, ein Verehrer wie der Präsident könnte jede auf falsche Gedanken bringen."

Baronin Hartmann war erschrocken, der Generalin entging es nicht. „Ganz recht", sagte sie, „es ist schrecklich, der Präsident hört nicht auf, der Prinzessin nachzustellen. Seinen letzten Heiratsantrag wird er ihr noch in der Kirche machen, bevor sie mit Valentin zum Altar tritt – und reden wir nicht von dem, was der jungen Ehe dann sicherlich droht vom Präsidenten."

Marie sagte: „Droht ihr denn mehr als andern Ehen? Der Präsident ist alt, er wird es endlich einsehn. Die beiden Kinder aber lieben sich."

„Wenn es so einfach wäre", sagte die Generalin höflich bedauernd. „Tatsache ist, daß bei Valentin das Ganze nur mit Mitleid begann. Ich stelle dahin, ob Mitleid so weit gehn muß, daß man heiratet. Eines Tages wird er bemerken, daß niemand ihm dankt. Mit Recht", ergänzte sie schnell. „Man kettet an sich keine Prinzessin, die man nicht standesgemäß ernähren kann."

„Ich erkenne Sie nicht wieder", sagte Marie.

Die Generalin errötete – sie dachte: „Wie ein junges Mädchen! Wann werde ich es lernen, mich mit den Leuten auf die gleiche Stufe zu begeben."

„Machen wir uns nichts vor", sagte sie ohne Höflichkeit. „Wir wissen, daß Valentin von keiner Seite –" Blick und Ton kennzeichneten die Seite, „wirklich entscheidende Hilfe zu erwarten hat. Im Gegenteil, infolge Gefälligkeiten, die ihm aufgedrängt wurden und denen er nicht entschieden genug widerstanden hat, befindet er sich heute in den Händen eines Geldmannes – der Mann steht nicht im Ruf, irgend jemand so bald fortzulassen."

„Ich werde dafür sorgen. Ich spreche im Interesse Valentins mit Herrn Kappus wie auch mit dem Präsidenten." Marie blieb vollkommen ruhig. Die Generalin fand sie farblos, trotz aller Geschicklichkeit mußte die Hartmann sich geschwächt haben an ihrem Abenteuer mit Valentin.

„Alte Leute sollten vorsichtiger sein", äußerte sie. „Aber mit dem Präsidenten ist nicht zu reden, sprechen Sie lieber mit Valentin!"

„Damit er Prinzessin Adele nicht heiratet? Nein." Die Silbe und ihr Ton brachten der Generalin die entschwindende Achtung wieder bei. Jetzt war sie im Bilde: die Hartmann verheiratete Valentin, damit er ihr um so sicherer erhalten bleibe. Seine Ehe mit der einfältigen Prinzessin sollte von ihr beherrscht werden. Sie war klüger als der Präsident, der nicht warten konnte.

Die Generalin murmelte: „Alles wäre noch gut und schön, wenn die Prinzessin nicht ihre Hintergründe hätte. Wir dürfen nicht glauben, daß wir sie kennen."

Da sie die Gegnerin beunruhigt sah, spannte sie ihre Nerven noch lange. „Unbekannte Hintergründe hat wohl jeder, wenn ich für meine Person auch seit erst kurzem bei jedem ohne Ausnahme darauf gefaßt bin. Meine heutige Lage, glauben Sie mir, lehrt mich die Menschen kennen. Das Gute haben die Ereignisse." Hierüber verbreitete sie sich.

Marie wollte endlich wissen: „Was tut die Prinzessin? Wovon sprechen Sie?"

Aber grade dies beabsichtigte die Generalin nicht preiszugeben, auch nicht, soweit sie es selbst wußte – was nicht viel war. Die Prinzessin hütete irgendein beschämendes Geheimnis, Valentin half ihr; dies aber erbitterte die Generalin am meisten. Sie mußte zurückstehn hinter der, die sie weder geistig noch sittlich für voll nahm. Die hielt sie zum besten, der kam sie nicht auf die Schliche. Es hätte genügt, Abneigung zu nähren bei der Generalin sogar gegen eine reiche Prinzessin. Angesichts der armen war sie nicht weit vom Haß.

Sie glaubte freilich, sie hasse nur die Hartmann. Um ihr zu schaden, sprach die Generalin – sprach unermüdlich, ward im Genuß des Sprechens sogar wieder höflich, erlesen höflich mit verstecktem Sinn in den Worten, freien Gesten und mit ihrem glänzenden Blick.

Dies sah der General. Seine Frau entfaltete sich allzu prächtig, die andre hielt zu still. Dem General ward nicht geheuer, er verließ seinen Freund und kam näher. Was die Generalin jetzt sprach, war belanglos, ihre Gehobenheit wäre unbegreiflich gewesen. Dafür hatte die andre dies gealterte Leidensgesicht … Der General wollte keinesfalls sich einmischen, vielmehr kam er, um Peinlichkeiten kurz aufzuhalten. Nur konnte er nicht hindern, daß er jetzt häufig Masken sah anstatt gewohnter Gesichter. Die zunehmende Krankheit machte ihn auch mißtrauisch, er hätte es nie gedacht.

Er hatte angefangen, etwas zu vermuten, hinter den Menschen – nicht heimliche Schwächen, er dachte an Schicksale. Sonst hatte er die Rolle für das Wesen gehalten. Jetzt fand er in seiner eigenen Frau die Umrisse einer neuen Figur, das war das erste, es machte stutzig. Seine Frau tat Dinge, die gegen das Übereinkommen waren. Wie wäre sie erschrocken, hätte sie sich sehen können! Sie hatte an der Dame, die ihr gegenübersaß, ein Opfer, dies sprang in die Augen. Die Generalin ward ihrem Gatten merkwürdig wie noch nie. Es blieb nicht bei dem Eindruck des unheimlich Fremden, er bedauerte erschrocken dies Wesen, das sich abarbeitete. Er stand, den Kopf auf die rechte Schulter geneigt.

„Wenn wir unsern Spaziergang machten?“ schlug er vor, erhielt aber nichts als einen scharfen Blick, indes der angeregte Redestrom nicht abbrach. Aber auch die andre Dame zeigte keine Neigung aufzustehn. Sie schien doch das Opfer? Was mußte sie hier erlebt haben, daß sie nicht wegfand! Auch sie wartete sichtlich nur, bis der Unberufene sich zurückzog, dann sprachen beide gewiß sogleich wieder von dem, was sie verband ... Der General zog sich zurück.

Er setzte sich wieder an den Spieltisch, unter der Tür zur Terrasse. Den Tisch durchschnitt der Türrahmen, drinnen konnten sie glauben, ihm gegenüber sitze sein Freund. Niemand saß da, der Professor war der Prinzessin nachgegangen. Der General stellte die Schachfiguren auf, er begann für zwei zu spielen. Während er an Züge dachte, die schwierig wurden, erschienen ihm hinter den Zügen verwirrte Schicksale. „Warum sitze ich hier allein? Drinnen warten auf Valentin zwei Frauen, die eine kannte ich, jetzt sind mir beide fremd. Ich warte auf niemand, auf mich wartet niemand."

Er verwies sich die unpassende Gefühlsregung, er dachte scharf an den Zug seines Gegners.

Plötzlich bemerkte er ein Unbehagen, sah halb um und stellte fest, drinnen sei eine Wendung eingetreten. Übergang der Macht von der einen auf die andere Seite. Jetzt saß seine Frau gebrochen da, sie stierte fast wie eine Greisin – indes die andere ihr offenbar vorhielt, was sie tue, was aus ihr werde ... Der General zuckte die Achseln, er besann den Zug des Gegners, ein seltener Einfall kam ihm. Er freute sich für den Gegner. Zugleich fragte er, heimlich doch betroffen: „Ist das nun eine Tragödie?" Er meinte die drinnen.

Das Unbehagen kehrte wieder, verstärkt sogar. Ein Schauer sagte ihm endlich, daß sie nicht nur drinnen Dunkles erlebten. „Ich habe keinen Sohn. Wie habe ich meinen Sohn verloren? Eines Tages kommt eine Fremde ..." Er tat seinen eigenen Zug, der aber weniger geistreich ausfiel als der des Gegners.

„Jetzt bin ich krank. Ich hätte mir doch gewünscht, neben meinem Stuhl – Der Übergang wäre leichter."

„Immer Abschweifung zu Gefühlen", sagte ein andrer, wahrscheinlich sein Gegner, der so gut spielte. „Wenn die Fremde ihn fortgeholt hat, so konnte sie es, weil du deinen Sohn nicht hieltest. Du warst bequem, bist es übrigens auch jetzt. Um nicht in die Tiefe gehn zu müssen, redest du dich auf deinen baldigen Hintritt aus."

„Was sollte ich tun?" fragte General Vogel von Lambart.

„Die Verantwortung übernehmen für dein Kind. Sie hat es getan."

„Dafür sieht sie jetzt schön aus."

„Und du? Sie weiß doch wenigstens, warum sie sich verbraucht hat – unter deinen Augen, im Haus bei dir! Eine Frau trifft ein aus der Welt, nie war sie gesehn worden. Jetzt aber hat sie aus deinem Sohn den ihren und einen Mann gemacht."

„Er ist nicht wiederzuerkennen", gab der General zu. „Ich möchte ihm die Hand drücken, aber mir wäre nicht wohl dabei."

„Natürlich. Aber ihr war immer ganz wohl, meinst du."

„Woher hat sie die Kraft? Was gibt es da Geheimes? Was für ein Gesicht zeigt sie jetzt? Wer hat ihr geraten, nicht abzulassen, durch alles hindurchzugehn, nur nicht abzulassen?"

Auf diese Fragen des Generals kam keine Antwort. Er beugte sich über das Brett, mit seinem einzigen Auge und dem dunklen Monokel, das die leere Höhle verdeckte – zögernd machte er seinen eigenen Zug. Sein Gegner sprach endlich.

„Als ob du nicht wüßtest, daß ihre Kraft das Gewissen war – grade das Gewissen, das anzuhören du nicht den Mut fandest. Du wärest seelenruhig abgegangen und hättest deinem Kinde eine unbewohnbare Welt hinterlassen."

„Ich kann für die Welt nichts", versuchte er. Der andre fiel sofort ein.

„Das sagt jeder. Aber sittliche Erdkatastrophen gibt es nicht. Es gibt keine unabwendbaren Mächte der Unmoral. Berufe dich nicht auf unbekannte Größen! Was wir getrieben haben, läßt sich benennen. Was wir geworden sind, haben wir gewollt. Was nach uns kommt, haben wir verschuldet. Es heißt wie je in Urzeiten Gottes: büße!"

„Meine Krämpfe kommen wieder, es ist furchtbar. Ich bin ein armer Mensch. Ich weiß nicht, warum ich gelebt habe und warum ich nun sterbe."

Hier bemerkte General Veit Vogel von Lambart, daß sein Gegner das Spiel gewonnen hatte, daß es aus war.

Am Abend wurde vom Nebenzimmer her bei Marie angeklopft. Es war kaum hörbar. Erst als sie das Ohr an die Tür hielt, verstand sie, was geflüstert wurde. „Ich kann den schweren Schrank jetzt nicht fortrücken, sonst käme ich hinein. Man würde es hören. Gehe ich über den Korridor, das hören sie auch. Aber morgen, wenn alle drunten sind! Wollen Sie auf mich warten?"

Gegen zehn Uhr vormittags entstand zuerst Aufregung im Haus, dann ward es still. Jemand trat ein bei Marie, die Prinzessin. Sie rief strahlend von der Tür her: „Er kommt! Wir haben ein Auto!"

Mit beiden Nachrichten stürzte sie sich in die Arme Maries.

„Sie lieben ihn", sagte das Mädchen. „Daher bin ich für Sie." "Wie ich für Sie", sagte Marie. Die Kleine fragte schnell: „Dann darf ich mit allem herausrücken?"

„Warum nicht – da wir beide ihn lieben? Es handelt sich doch um ihn?"

„Ja, und um den Rennwagen. Der Präsident hat einen Rennwagen geschickt, sein Hochzeitsgeschenk. Alle stehn im Hof drum herum, aber keiner kann fahren. Ich natürlich kann."

„Aber Valentin?"

„Das wissen Sie doch. Er hat doch Rennen gewonnen."

„Gewiß, und wenn er jetzt kommt –"

„Kommt der Präsident mit. Noch ist Zeit."

„Bis Sonntag. Wir haben Freitag."

„Nach Berlin und zurück ist Kleinigkeit."

„Mit ihm?"

„Nein, mit dem Präsidenten. Ich liebe ihn doch."

„Den Präsidenten?"

„Nein, ihn."

Marie sah, daß das Gespräch mit der Prinzessin wie ein schlecht geführtes Auto laufe. Sie ließ sie sich endlich hinsetzen. „Sie haben drei Gedanken, mein Kind. Valentin, der Rennwagen, der Präsident."

„Ich werde Sie sicher schockieren, Baronin Felicie."

„Nicht leicht", sagte Marie.

„Liebt Valentin mich? Sie verstehn sich drauf. Liebt er mich wirklich, wirklich?"

Marie sagte: „Sie wollen wissen, wieviel Sie ihm zumuten dürfen." – Da die Prinzessin den Mund offenbehielt: „Wieviel er sich gefallen läßt."

Plötzlich klatschte die Kleine in die Hände. Ihre glänzenden kleinen Zähne erschienen, ihr buntes Gesichtchen jubelte. „Sind Sie klug!" rief sie, war schon wieder auf ihren langen Beinen, küßte Marie schon wieder. Mit unvermitteltem Ernst: „Der Rennwagen fährt hundertfünfzig Kilometer die Stunde."

„Das genügt", sagte Marie. „Aber Valentin?"

„Der nicht. Der kommt nicht nach." Die Prinzessin wälzte sich vor Vergnügen auf einem Möbel, das nicht dazu bestimmt war, der Kommode. Ihre langen Beine zappelten unbekleidet in der Luft, drüben hing der Kopf herab. In dieser Stellung sagte sie: „Ich gehe meinem Valentin durch. Mit Präsident. Nach Berlin. Morgen abend steigt es."

Marie fragte ohne Erstaunen: „Warum denn aber?"

Die Prinzessin nahm die Haltung des Sitzens ein. „Das können Sie sich doch denken", erklärte sie von der Kommode herab. „Der Präsident hat doch Geld. Er muß es mir geben, dafür heirate ich ihn. Ruhe läßt er mir sowieso nicht. Nachher fahre ich aber in meinem Rennwagen wieder zu Valentin."

„Mit hundertfünfzig Kilometer Geschwindigkeit", ergänzte Marie. „Wenn du ihn aber dann nur noch findest, mein Kind."

„Mit dem vielen Geld!" Die Prinzessin war nun selbst entrüstet.

„Du hast zu viel vom Geld reden gehört, mein Kind. Komm einmal her!"

Die Prinzessin kam nicht gleich, Marie behielt Zeit, sie zu betrachten. Da war nun dies von Liebe geistig erweckte Geschöpf. Sein erster Gedanke aber: Geld. „So sind wir", dachte Marie, „das bringen wir mit. Rennwagen und Präsident – man muß nicht so mit allen Hunden gehetzt sein, wie ich es war, um so gute Einfälle zu haben. Du tust es aus Liebe. Die Liebe hat dich erweckt, arme Kleine, jetzt mache alles mit!"

Hiermit empfing sie das Mädchen, denn unvermittelt fiel es vor ihr hin, das tränenüberströmte Gesicht gab es in die Hände Maries. „Valentin wird mir böse sein?" klagte sie. „Mir war gleich so, drum hab ich ihm auch noch nichts gesagt."

„Sage nur nichts!" riet Marie. „Aus Kleinigkeiten werden Mißverständnisse", verhieß sie ohne Ironie. Sie dachte nicht an bittere Scherze, ihr war im Ernst sehr bange um dies Kind – auch um dies zweite. Die beiden konnten einander verlieren, hatte denn etwa das erste ein ganz sicheres Herz? Marie nach der Probe zur Zeit ihrer Verirrungen mußte zweifeln. In diesem Augenblick wünschte sie, daß Valentin nie wiederkehre ... Vom Schmerz erstarrt, verharrten sie, Marie und das junge Kind.

Da atmete Marie tief auf. „Ich kenne euch doch", sagte sie lächelnd. „Wie ihr euch gleich seid!"

„Wir tanzen so gut", sagte die Prinzessin.

„So ist es. Ihr werdet auch hundertfünfzig Kilometer die Stunde zusammen fahren. Aber laßt den Präsidenten, ihr habt doch nur euch. Der Präsident ist alt, er will durchaus noch nicht auf euch verzichten. Laßt ihn sich aber nicht an eure Zukunft hängen! Die müßt ihr ganz allein bestehn."

Sie merkte, daß dies die Begriffe der jungen Prinzessin überstieg. Übrigens hatte sie selbst vielleicht nur ungenau ausgedrückt, was sie fühlte. Sie fühlte wortlos: „Ihr seid euch gleich. Du bist mir so nahe und verwandt wie er. Ich liebe nicht mehr ihn allein – euch beide in einem, dazu eure Liebe, alles wie ein einziges. Sonst wäre ich, was der Präsident ist ... Tut mir nicht weh, verliert euch nicht!“

Sie nahm zwischen ihre Hände den Kopf der Gedankenlosen, sie sagte ihr in die Augen: „Trotz allen euren Erlebnissen.“

„Was für welche?“ fragte das Mädchen. „Was wird aus uns werden?“ – Da Marie noch schwieg: „Sie haben erlebt, erzählen Sie doch! Sie wissen schon alles.“

„Ich weiß schon alles“, sagte Marie – und erzählte, nicht eben, was ihr selbst geschehen war, was so oder anders jedem drohte; eher, was sie den Kindern wünschte. Jenes alles trat nur in Gestalt fremder Gefahren auf. Sie überging die Gefahren in ihnen selbst. Ihr ward es frei und beschwingt. In den jungen Augen, die verstehn wollten, erblickte sie ihr eigenes Leben phantastisch. Sie glaubte zuletzt nahezu, es einmal so gewollt, es nur zufällig anders erfahren zu haben, daß aber die Kinder richtig wählen würden. Sie mußten vom Hausmädchen gerufen werden zum Mittagessen, das beide vergessen hatten. In Eile, während sie der erhitzten Prinzessin das Gesicht herrichten half, sagte Marie noch: „Der Präsident darf nichts merken.“ Sic sprach eilig, aber überaus eindringlich. „Er darf nicht merken, daß wir verabredet sind. Er muß noch immer glauben, daß du mit ihm fortfahren willst. Verstehst du? Fahre aber nicht wirklich mit ihm fort!“

„Ich werde ihn betrügen“, sagte die Prinzessin völlig auf der Höhe.

„Das müssen wir“, sagte Marie.

Sonnabend gegen Mittag fuhr das Auto des Präsidenten von hinten lautlos in den Hof. Sein Privatsekretär stieg zuerst aus, er half ihm aufmerksam. Der Präsident aber war mit Energie geladen. Kein Zweifel, er hatte Mienen und Haltung, wie sonst nur, wenn er einen großen Schlag führte. Der General, sein früherer Mitarbeiter, war mit dem Anblick vertraut. „Achtung“, dachte er, „das ganze Gesicht verzieht sich nach links. Die Stirnfalten stehen steil, wie beim Sturmangriff auf Höhe acht achtzig. So standen seine Stirnfalten an dem Tage, als sein stärkster Gegner Kobes zusammenbrach.“ Dazu stimmte, daß der Präsident zuerst nicht einmal den Mantel ablegte und daß er gleich zum Mittagessen Sekt verlangte.

Valentin küßte Marie die Hand, dann wandte er sich sofort seiner Braut zu. Erst bei Tisch sah er Marie wirklich an – und erschrak. Gleich darauf fühlte er sich erleichtert, er hatte gefürchtet, die Versucherin wiederzufinden. Die Frau hier versuchte niemanden mehr. Valentin hatte bei Tisch mitzusprechen, zu trinken, die Augen in die seiner Braut zu senken; aber er dachte im Grunde nur immer: „Woher kommt sie?“ Er wagte nicht zu fragen.

„Jetzt ist sie alt“, dachte er. „Das ging schnell.“ Grade in diesem Augenblick begriff er aber, daß sie eigentlich lange widerstanden hatte. Denn was er selbst, seit sie sich kannten, von ihr verlangt hatte, war viel, war schwer. Sie war zuletzt vor ihm geflohen. So sah sie nun aus. Valentin schlug die Augen nieder, er bereute.

Einst war sie gekommen, um seine Mutter zu sein. Was aber hatte er aus ihr gemacht? Fast sein Opfer. Sie war so schön gewesen – Valentin fand es unverzeihlich, aber nicht unbegreiflich, hätte er im Laufe alles Wunderbaren, das ihnen gemeinsam geschah, sich in sie auch noch verliebt. Hatte er es wirklich? Bei seinem Eintreffen heute fürchtete er noch, es könnte mit ihnen beiden weitergehn wie vorher. Nun er sie sah, war er nahe daran, zu glauben, das Ganze sei nicht wahr – wenigstens für sie nicht. Er allein hatte ungesunde Träume gehabt. Der Versucher war nur er – in seiner Rolle als Mann, als eitler Mann. „Arme Felicie! Wenn überhaupt von allem etwas wahr ist, dann sind schreckliche Dinge an dir geschehn. Aber ob alt oder nicht, bist du schöner als je. Woher kommst du?“

Dies während seines technischen Gespräches mit der Prinzessin über den neuen Rennwagen. Der Präsident inzwischen hielt unverwandt seine fleischige Stirn auf die Prinzessin gerichtet. Die Augen unter den hängenden Wülsten blieben unsichtbar. Plötzlich trank er der Generalin zu – was alles drüben den General in Atem erhielt. Hier ging etwas vor. Nur undeutlich hörte der General, was der Professor sagte, der längere Zeit ganz allein sprach. Der Professor bemerkte es endlich selbst. Die Stimmung ward ihm verdächtig, er verstummte. Nach der Pause machte die Generalin auf das veränderte Wetter aufmerksam.

Die Vorhänge der Fenster wehten ins Zimmer, Schwüle drang mit ein. Es schien vorzeitig Abend zu werden. Bis auf den Präsidenten und den Professor verließen alle den Tisch. Von der Terrasse sahen sie dort hinten die schwarze Wassermasse sich träge aufheben wie aus einem Stück. Sie hatte noch keine Kämme. Der schwere Himmel war noch lautlos. Möwen irrten tief und eilig. Einige Segel waren draußen. „Aus dem Feuerwerk heute abend wird nichts“, meinte der General. Valentin sagte: „Im Gegenteil. Der Himmel brennt noch selbst eins ab.“

Er und die Prinzessin standen nebeneinander. Sie berührten sich nicht, blickten beide ins Weite – waren aber sichtlich das Paar, das sogleich den Fuß ansetzt und allein fortgeht. Es war unverkennbar, sie hatten ähnliche Köpfe, den gleichen Knochenbau, die Form der herabhängenden Finger verengte und verbreiterte sich an denselben Stellen. Vor allem war jeder Muskel Mut und Zuversicht, daher ihre Anmut. Noch kürzlich wären sie höchstens lang und schlank gewesen – dachte der General, undeutlich selbst erinnert an Jugend und schöne Feste.

Sogar die Generalin erblickte kurz in ihrem Innern einen Garten von früher, sorglose Geschwister, ein Krocketspiel und helle Luft. Sie biß die Zähne zusammen, sie verließ der Terrasse. Marie blieb allein im Angesicht zweier bezaubernder Gestalten – die aber für sie nicht auf diesen Steinen nebeneinander standen. Vielmehr bewegten sie sich kühn und ohne Marie zu beachten durch die kleine Zelle, wo Marie in diesem Augenblick wieder kniete; traten durch das Fenster und über Stufen aus Luft ins Unbekannte. Hier sah Valentin nach ihr um, er hätte sie endlich ansprechen wollen – fand aber die Augen Maries vollkommen stumm.

Er war am Anfang gewohnt gewesen, daß sie ihn dunkel und still, er meinte tierhaft, betrachteten. Seither hatten sie gelächelt, die Augen Maries erlernten nacheinander Glanz, Unruhe, lautes Glück und unverstellte Not. Jetzt zum Schluß waren sie wieder verstummt, diesmal endgültig und ganz, dem jungen Valentin ward es bange vor ihnen. Sie waren zu tief, ihr Blick kam von zu weit her, manchmal langte er fremd an. Die Augen Maries erschienen dem jungen Valentin manchmal unnachgiebig, nicht zugänglich mehr – als wäre alles um sie her, ja auch die Spuren im eigenen Gesicht, nun belanglos. Dies erschreckte Valentin. Verwöhnt wie er einst gewesen war von jenem Gesicht, mußte er es wiederfinden in einer Verwandlung, als erkennte es ihn kaum.

Die Lippen Maries waren mit den Spitzen leicht aneinandergedrückt, dunkle Gruben aus mürbem Fleisch liefen von den Mundwinkeln hinab im Halbkreis. Wen küßte der zugespitzte Mund? Nicht Valentin, nie mehr ihn: er begriff es mit Trauer. Zugleich aber fühlte er sich berührt von einem feierlichen Vorgang, von welchem? ... Er befragte sich noch, da klang Musik auf – fern, nur hergewehte Töne. Sie genügten der Prinzessin, sogleich erhob sie die Arme nach Valentin, der, ohne Marie angesprochen zu haben, die Prinzessin umschlang. Sie tanzten.

Im Eßzimmer wurden die Stimmen stärker. Professor und Präsident stritten hinter jenem auf die Terrasse geöffneten Fenster. Der Denker verteidigte den Besitz, der Wirtschaftsführer griff ihn an; nach ihm selbst die Sintflut, verhieß er. Nichts Geschaffenes habe Bestand, nicht einmal sein Industriekonzern. Aus Verzweiflung über den drohenden Verlust der Prinzessin ward der Präsident irre an seiner Kraft, ja, an seinem Recht. Die Kommunisten, behauptete er, seien auf dem einzig richtigen Weg, für sie spreche die Natur ... Schwüle Luft umschlich ihn, er keuchte, plötzlich rückte er heftig den Kopf nach dem Tanzpaar. Wäre es unversehens die Terrasse hinabgetanzt und den Blicken entschwunden, der Präsident hätte mitten in seinem Satz einen Sprung durch das Fenster gemacht. Er dachte bei allem, was er sprach, an das Tanzpaar.

Der Professor, gerötet von der Schwüle, blieb dabei, der Trieb, zu besitzen, sei vom Menschen so untrennbar wie der Trieb, zu lieben. – Aber die meisten seien besitzlos, entgegnete der Präsident, und täten nichts Ernstliches, um den Zustand zu ändern. Der Professor sagte: „Damit beweisen sie, daß sie etwas weniger als Menschen sind. Sie sind Triebschwache." – „Die übergroße Mehrheit?" wiederholte der Präsident. „So gut wie die Gesamtheit!" Den Professor störte dies nicht.

„Den Trieb, zu lieben, werden Sie doch nicht leugnen", sagte er. „Niemand leugnet ihn. Aber könnte man sehn, wie wenige ihn in wirklich nennenswerter Weise besitzen und ausüben, man würde staunen. Die bei weitem meisten sind geschlechtslos." Womit er nur geißeln, sich selbst geißeln wollte dafür, daß er die Prinzessin erweckt hatte mit der Leidenschaft seines Geistes, sie erweckt und dann fahrengelassen hatte. Ein andrer, der nichts für sie tat, ward zum Inhaber seiner, seiner Erfolge – ward von der Prinzessin geliebt.

Dem Professor war die Erkenntnis gekommen, er selbst hätte zugreifen sollen. Einzige Gelegenheit im ganzen Leben, glücklich zu sein ohne Scham und Reue. Kein Triebstarker hätte sie versäumt. Er war nur ein Schwächling, heute rechnete er mit sich ab – im Angesicht des Paares, das dahintanzte, das entschwand. Nicht genug konnte der Professor die Mehrheit der Menschen herabsetzen, um Rache zu nehmen an sich selbst. Er hatte aus geistiger Gelöstheit funkelnde, ungehemmte Augen wie ein Tier im Walde.

„Die Welt der Liebe ist einzig und allein für die paar Herren des Lebens da", behauptete er starrsinnig. „Die Welt des Reichtums auch. Ihresgleichen, Herr Präsident, hat unschätzbare Verdienste. Sie stützen die leider wankenden Naturgesetze – und ich mit Ihnen!" rief der Professor. „Wir beiden Breitschultrigen!"

„Breitschultrig?" fragte der Präsident, dessen Stirn anschwoll. „Sie sind doch bucklig." Er stieß den Stuhl fort, mit unheilvoller Energie geladen, stampfte er durch das Zimmer, sein Hinkfuß schlug stärker als sonst auf. „Wieviel glauben Sie, daß das Hochzeitskleid der Prinzessin kostet?" fragte er aus dem Hintergrund. „Genau zehnmal mehr, als Sie Unglücksmensch dafür bezahlt haben."

Hier zog der Professor den Kopf in seine unleugbar zu hohen Schultern, sein Blick ward zahm, ward arm, der Gedanke fiel unter dem Professor um wie eine freistehende Leiter. Da lag er. Der Präsident stürmte plötzlich klump, klump an ihm vorbei, mit einem Sprung wollte er durch das Fenster, polterte aber zurück. Er fluchte, schließlich kroch er auf dem Bauch hinaus. Der Professor ließ den Kopf auf seine entkräfteten Arme fallen. „Ich sehe nichts, was ist. Meine Prinzessin trägt ein Kleid, das nicht ich bezahle, ich aber rede. So ist mein Leben vergangen."

Aber auch der Präsident sah draußen nichts mehr, das Tanzpaar war fort. In heller Wut hinkte er auf Baronin Hartmann zu. „Wohin sind sie?" fragte er drohend. „Bleiben Sie hier!" sagte Marie. „Sie hinken, Seehase."

Er knirschte. „Das sagen Sie, weil Sie für Ihre Person sich umgestellt haben und das Geschäft auf Seiten meines Gegners machen. Schon neulich traute ich Ihnen nicht mehr. Sie sollten sich hüten."

„Das weiß man", sagte Marie. „Ihr Gegner muß immer auf manches gefaßt sein. Seine Chance ist, daß Sie der Schlag trifft."

Sie sagte es mit der Sachlichkeit, die zwischen ihnen beiden von selbst kam. Nachsichtslose Worte entsprachen nur den Handlungen, die sie voneinander erwarteten. Jede Veränderung würde den Präsidenten höchstens mißtrauischer gemacht haben. Ihm zeigte Marie ihr jetziges Gesicht nicht, oder zeigte sie es? Dann erkannte er es nicht. Er konnte nur sehn, daß sie ihn auslachte. Ohne Absicht ward sie vor den Gefahren der Bosheit heiterer. Sie fühlte, spielend werde sie mit ihnen fertig werden. Die Taten der Welt, verkörpert vom Präsidenten, waren wie Spiel. Kannst du ihm nicht ausweichen, so siege darin nach den Regeln des Spiels. Ernst wird es erst nachher.

Wild warf der Präsident den Rumpf nach allen Seiten. „Mir ist alles gleich, ich gehe über Leichen." Ihm war anzusehn: auch über seine eigene. Marie indessen glaubte ihm seine Krankheit nicht. Sogar seine große Wut war ihr verdächtig. „Komödiant", sagte sie. – „Wohin sind die jungen Leute?" fragte er noch drohender.

„Längst im Wasser“, sagte Marie. „Hätten Sie nicht mit mir so lange geplaudert. Jetzt schwimmen die beiden weit draußen.“ Sie zeigte irgendwohin. „Sind Sie Schwimmer, Seehase?“

Er spähte in die See hinaus, fand nichts, weil nichts da war – und zog die Uhr, für Entschlüsse dieser Art gab er sich eine Viertelminute. Letzter, durchbohrender Blick auf Marie, die heiter standhielt. Diese Sekunde lang wußte der Präsident unbezweifelbar, daß er betrogen ward. In der nächsten lief er dennoch. Schon bewegte er sich durch weichen Sand, der Widerstand leistete wie der Boden in Träumen, wo man eilt.

Marie ließ ihn noch aus der Badehütte ins Wasser plumpsen, dann ging sie hinauf in ihr Zimmer. Sie wartete am Fenster wachsam. Die jungen Leute waren wieder auf der Terrasse, sie sahen mit Staunen den Präsidenten durch Wind und Wellen ins Weite streben. Mehrmals wandelten General und Generalin einzeln und ohne sich zu begegnen durch die Zimmer, worin es schon dämmerte.

Die Generalin stand vor letzten Entschlüssen, sie fand keine Ruhe. Der General hatte von seinem fassungslosen Freund erfahren, daß das Kleid der Prinzessin bezahlt war vom Präsidenten. Verdächtige Einzelheiten häuften sich, der General fühlte verstecktes Unheil von mehreren Seiten beschleunigt herandrängen – Frage von Augenblicken, wann hier etwas aufflog. Er hatte ganz bestimmte Befürchtungen; sie unmißverständlich zu Ende zu denken, vermied er nur aus gewohnter Höflichkeit gegen seine Frau. Er bereute sogar, jetzt endlich doch geöffnete Augen zu haben, wenn alles, was er sehen mußte, als Unternehmerin seine Frau hatte! Überdies strengten diese Kämpfe seine kranken Organe unerhört an.

Der Präsident kam erst wieder an Land, als es dunkel ward. Sein Chauffeur war es, der ihm im Boot entgegenfuhr, der Präsident langte ohnmächtig an. Sein Chauffeur rieb ihn ab. Der erste Gedanke des erwachten Präsidenten galt den jungen Leuten. Hier schoß in den verdunkelten Himmel ein zischendes Licht. Das Feuerwerk! Dorthin war die muntere Jugend, auch den Präsidenten hielt es nicht. Sogar die Generalin warnte. „Sie haben Ihrem Herzen jetzt schon das Äußerste zugemutet.“ Nein, der Präsident konnte einzig seinem Schicksal entgegenziehn. Er tat es mit seinem Auto, jeden Augenblick mußte der schwere Himmel bersten.

Im Haus blieben zurück Marie, die still auf ihrem Zimmer droben wachte und Vorkehrungen traf – der Professor in einem angsterfüllten Winkel, die Generalin und der General; abwechselnd durchstreiften sie die dunklen Zimmer. Feuerwerkskörper prasselten fern, aber blendend schnitt der erste Blitz ein. Das große Wohnzimmer war jäh voll geisterblauen Lichtes, da fanden sich die Gatten einander gegenüber.

In den ersten Donnerschlag hinein schrie der General: „Was geht hier vor?“

„Wir sind ruiniert“, sagte die Generalin erbittert, da war es schon wieder totenstill.

„Sind wir nicht auch entehrt?“ fragte er. Sie zuckte die Achseln, er sah, daß er nicht mehr zu seinesgleichen sprach. So schlimm hatte er es sich noch nicht gedacht.

„Wovon leben wir?“ fragte er mit einer Stimme, die sie nicht kannte. Eingeschüchtert stammelte sie Unzusammenhängendes. Ein Blitz zeigte ihm, daß graues, wirres Haar ihr in das Gesicht fiel, daß sie im Stehen vornüber hing und den Mund zum Weinen verzerrt hatte.

„Was wollen wir von dem Präsidenten?“ fragte er unerweicht. Er hörte nicht, was sie sagte, der Regen schlug auf den Boden der Terrasse nieder mit dem Gerassel von Blech. Sie sahen sich nur als furchtbare Schatten, keinen verlangte es, Licht zu machen. Der eine der Schatten trat drohend vor, darauf kreischte der andere.

„Und wenn! Sein Geld ist gestohlenes Geld. Uns hat er bestohlen. Soll er zahlen für die Prinzessin.“

Hiernach blieben sie unbeweglich. Ein Blitz, ein Donnerschlag gingen über sie hin, bevor der General sich faßte. „Das Schlimmste aber ist es mit der Frau. Mit der Frau dort oben“, wiederholte er geheim, wie ein Mitverschworener. „Wie sieht sie aus. Was ist bei uns aus ihr geworden.

Die Verirrung einer armen Frau, wir haben sie ausgenützt." Mit Erstaunen erfuhr er durch seine eigenen Worte, daß er selbst es mitgemacht habe.

Nach der Pause, im Rasseln des Regens, sagte er noch: „Keinen Tag hätten wir sie bei uns dulden dürfen."

„Das sage nur!" kreischte sie – und ging in ein Gelächter über, das nicht aufhörte, sogar in Blitz und Donner nicht. Der Blitz zeigte ihm ein Gesicht des Wahnsinns, so fremd, daß es feststand, er habe nichts mehr zu entgegnen.

„Denn wer ist betrogen?" brachte sie hervor. „Wir. Wer hat das Recht, sich als das Opfer zu fühlen? Wir. Du weißt noch nicht, daß wir tiefer in Schulden sind, als bevor sie ankam mit ihrem Geld."

Die Generalin leugnete die Geschenke der Hartmann nicht, ja, nicht einmal, was von ihr erpreßt war. Aber alles war über Kappus an jene zurückgefallen. Sie erzählte die Geschichte dieses Hauses. Sie beschönigte nichts, das Aussprechen nackter Tatsachen gab ihren Kopf der Wirklichkeit wieder, die Gefahr, verrückt zu werden, entfernte sich von ihr.

„Ein billiges Hochzeitsgeschenk dies Haus", sagte sie klar durch den Regen. Auch machte sie Licht. „Sie wohnt hier bei sich selbst. Die Abenteurerin, sie hat es sich nichts kosten lassen, zu anständigen Leuten einzudringen. Brauchte sich nur an unsere Unerfahrenheit zu halten. Wären wir doch immer bei unseren Grundsätzen geblieben", sagte sie selbst – anstatt daß der General es sagte.

Plötzlich schien sie nochmals den Kopf zu verlieren. „Die Verbrecher! Ich werde sie doch noch zwingen, ihren Raub herzugeben. Endlich will ich auf meine Feinheit verzichten. Es ist nicht leicht, aber sie sollen sehn."

Hiermit bereitete die Generalin ihren siegreichen Abgang vor. Im Abgehn sah sie überall nach, wo jemand hätte zuhören können. Die Hartmann mußte droben sein, im Lärm des Gewitters war auch das ärgste Geschrei nicht bis zu ihr gedrungen. „Wozu Geschrei", dachte die Generalin. „Wie unwürdig! Jetzt wird gehandelt – kalt und zwingend."

Sie suchte nicht erst den Professor in seinem gleichgültigen Winkel; wichtiger war, daß die jungen Leute samt Präsident bestimmt noch draußen weilten ... Denn da sie Licht im Zimmer gemacht hatte, konnte die Generalin nicht sehn, daß die Prinzessin wohl draußen, aber schon wieder auf der Terrasse weilte.

Die Prinzessin hatte nichts erlauscht. Der Auftritt drinnen machte sie nicht neugierig, sie hatte Dringlicheres vor. Auch war sie durchnäßt, sie schützte sich, gegen die Hauswand gedrängt, nur schlecht vor den Gewalten. Entsetzt wartete sie, daß das Zimmer freistehe. Noch war der General darin.

Der General verharrte am Fleck, er stand in dem Wasser, das zur offenen Tür hereinfloß. Was hatte er jetzt alles zu vergessen, wollte er hier weiterleben! Dies bewegte ihn zuerst – dann aber die Verpflichtung, zu wachen, aufzuhalten, das Letzte noch zu retten ... Er ging, im Hause seinen Posten zu suchen.

Sogleich lief die Prinzessin durch das Zimmer und die Treppe hinauf. So leicht ihr Fuß war, die Generalin hörte sie. Die Generalin hörte auch, daß die Prinzessin sich in der Tür irrte, sie versuchte, die der Hartmann zu öffnen. Dort war geschlossen, die Prinzessin betrat ihr eigenes Zimmer.

Hier stand sie vor Marie. „Gut", sagte Marie. „Dein nasser Mantel muß hier abtriefen, nicht bei mir. Jetzt gib ihn mir und geh in mein Zimmer."

Da bemerkte die Prinzessin die geöffnete Verbindungstür und daß der Schrank fortgerückt war.

Sie wollte noch fragen, sie wollte erzählen. „Ich weiß", sagte Marie. „Der Präsident hat euch zu trinken gegeben. Du siehst aus, als hätte er dir etwas hineingemischt. Lege dich schlafen!"

„Ich bin aus seinem Auto gesprungen. Wie bin ich hineingekommen? Valentin hatte mich im Gedränge verloren. Das Auto war schon in voller Fahrt, als ich absprang."

„Ich weiß", sagte Marie. „Schnell in mein Zimmer! Und kein Licht machen!"

Allein geblieben in dem Zimmer der Prinzessin, verstellte sie wieder die Tür. Sie löschte auch hier die Lampen. Sie lauschte. Jetzt fuhr hinter dem Haus der Wagen vor. Im Flur drunten polterten Eindringende.

Der Präsident und sein Chauffeur wurden am Fuß der Treppe aufgehalten von der Generalin. „Wohin!" sagte die Generalin nur, da standen sie. „Hinaus!" herrschte sie, schon wich der Chauffeur. Alles geschah gedämpft und mit Vorsicht. Niemand wünschte, daß der General hinzukomme.

„Seehase. Sie gelangen nicht hinauf", sagte sie kalt entschlossen. Zu sich selbst: „Mut! Ich bin keine Schollendorff mehr." Laut, aber nicht zu laut wegen des Generals: „Oder Sie bezahlen mich."

„Sie?" fragte der Präsident. „Warum Sie? Sie haben schon Baronin Hartmann gerupft, wo ist das Geld? Ihr Betrieb arbeitet unrentabel." Er höhnte, aber nicht zu laut. Beide gaben ihrer Furcht den Ton von Drohungen, die unter kaum erträglichem innern Druck stehn.

Die Generalin drohte: „Sofort den Scheck! Sie hab ich in meiner Gewalt. Sie stehn mir für alle, die mich bestohlen haben."

„Hier besteht kein Interesse", sagte er genauso.

„Sie verstehn noch nicht, Seehase. Sie kommen nicht hinauf. Aus der Sache kommen Sie auch nicht mehr."

„Erschießen Sie mich!" sagte er, er breitete sogar die Arme aus. Denn sie hielt, zwei Treppenstufen höher als er, eine Hand rückwärts, es war ungewiß, was darin war. Sie brachte die Hand aber hervor, die Hand war leer. Sogleich zeigte er tiefste Geringschätzung.

„Sie dachten wohl, ich habe Furcht? Ich bin über alles hinaus, das werden Sie gleich merken" – den Fuß ansetzend, bereit, zur Prinzessin vorzudringen, wäre die Treppe auch glühend. Dabei hielt er sich das Herz, womit der Generalin vor Augen geführt ward, daß er selbst Anfälle nicht fürchtete.

Sie dagegen war sich bewußt ihrer grauen Zotteln auf furchtbar versteintem Gesicht, worin die Augen unbegreiflich glänzten. „Er wird nicht wagen", dachte sie stark – da hielt er auch schon an. Einen Augenblick betrachteten sie einander prüfend, jeder mit dem leisen Zug von Selbstironie … Sofort wurden sie wieder drohend.

„Zahlen Sie?" fragte die Generalin.

„Wollen Sie das Zuchthaus kennenlernen?" fragte er.

„Erst nach Ihnen" – wobei sie aber dachte: „Das ist nicht wahr, das geht über alles Menschenmögliche. Ich bin es nicht." Im gleichen Atem sagte sie schon:

„Ich mache Sie unmöglich, Seehase. Ich bringe Sie hier noch so weit, daß Sie Gewalt brauchen. Sehn Sie nicht, was ich will? So oder so, Sie sind fertig."

Er öffnete plötzlich die Augen, sie erschrak. „Ich kann mir vieles erlauben, nachher sollen sie kommen."

„Fliehen wollen Sie?"

„Ich war nie glücklich. Ich will nur noch das eine. Dafür brauche ich eine Minute, nicht mehr."

„Aber nachher! Nachher werden Sie gefaßt."

„Nicht von Ihnen." Er hielt sich das Herz, er machte sich steif, um seinem stärksten Angreifer, der sein Herz war, noch standzuhalten, diese notwendige Minute noch. „Niemand rührt mich mehr an."

„Was?" Vom Grauen erschüttert, beugte sie sich vor. Der Mensch war sterbend! Der beging seine Tat ungestraft, er mußte sie nicht bezahlen. Er starb einfach.

Die Generalin fiel gegen das Treppengeländer, der Weg war frei. Der Präsident ging vorbei. Auf halbem Wege rief er gedämpft nach seinem Chauffeur, der auch kam und ihm nachschlich. Sie brauchten droben Zeit, die rechte Tür zu finden … Die Generalin, über dem Geländer zusammengefallen, bedachte, dies sei aus und mißglückt. Dafür so tief gesunken. „Von Stufe zu Stufe", dachte sie traurig – wenn auch mit letzter Befriedigung, dem Leben, das es nicht anders wollte, doch wenigstens genügt zu haben durch ihren Abstieg. Plötzlich erblickte sie aus dem dunklen Raum hinter der Treppenbeleuchtung hervorgetreten eine schattenhafte Dame – die noch immer gutfrisiert war und kein von Katastrophen zerstörtes Gesicht hatte, obwohl das Unglück sie festhielt. Diese Dame hatte sich ein für allemal gesagt, daß Unglück nicht dasselbe wie Mißerfolg ist; den Sinn von Mißerfolg bekommt es höchstens durch deine Schuld. „Keine Moral mehr haben macht noch nicht stark", sagte diese Dame. „Das Unglück hat mich grade gebessert." Schon war sie verschwunden, da erkannte die Generalin sie. So hätte sie selbst sein sollen.

Die Generalin verließ die Treppe wie eine Greisin schlotternd, mit erloschenen Augen. „Geh in dein Kämmerlein", fühlte sie, „armes Inakind! Der Präsident stirbt und zahlt nicht. Du aber bleibst, was du nun bist. Geh in dein Kämmerlein, armes Inakind, und kannst du, weine!"

Marie im Zimmer der Prinzessin hörte die Schritte derer, die kommen sollten. Sie lag auf dem Bett der Prinzessin, eingehüllt bis über die Augen in den nassen Mantel der Prinzessin. Ihre Sorge war nur, daß die Täuschung gelinge. Ihr fiel wohl ein, sie mache sich lächerlich. Aber sie dachte: „Wer bin ich? Das zählt nicht mehr." Der betrogene Präsident in seiner Wut konnte sie auch mißhandeln. „Mich? Nein. Eine alte Frau, die ihn auslacht." Hier ging im Dunkeln die Tür auf, zwei Schatten erschienen. Man band ihren Kopf ein, man hob sie auf.

Einen Augenblick später kam Valentin nach Haus. Das Wohnzimmer war leer, er rief nach seiner Braut, dann nach Marie. Er rief sogar die Generalin, aber niemand zeigte sich. Er ging weiter, da trat ihm der General entgegen. „Achtung, Junge!" sagte er ohne Vorbereitung, aber Valentin begriff. Er hatte schon gefühlt, er hatte das Haus bei jedem seiner Schritte feindlicher werden gefühlt. „Wo ist es?" fragte er kurz.

„Ich war eingesperrt", sagte der General. „Von wem, will ich nicht wissen. Inzwischen haben sie sich an dir vergriffen. Dazu mußten sie mich erst einsperren" – die Hand auf der Schulter Valentins. Sie sahen sich fest an. Dann grüßte Valentin mit den Augen. Er sagte: „Danke, Vater."

Valentin betrat schnell den Flur, hier fiel der Professor ihm entgegen von der Treppe bis vor seine Füße. Dort blieb er auf den Knien liegen, er umklammerte die Knie Valentins. „Die Prinzessin!“ brachte er hervor, dann kam lange kein Ton mehr. „Ist fort“, sagte er mit entstellter Stimme. Valentin hörte Geräusche im Hof. „Lassen Sie mich los!“ Aber der Professor konnte ihn nicht verstehn, er war zu sehr versenkt in seine eigene Katastrophe. Die Prinzessin war fort, er schrieb das Unglück seinen eigenen verbrecherischen Wünschen zu. Er hatte keine Philosophie mehr, sein heiteres Denken setzte Frieden voraus; der Professor verlor sich sofort an die Katastrophen.

„Verzeihn Sie mir!“ stöhnte er, die Knie Valentins wurden zusammengepreßt von seiner Inbrunst. Valentin hörte draußen das Auto abfahren. „Werden Sie mich loslassen?“ – „Helfen Sie mir!“ stöhnte der Professor.

Da bekam er einen Stoß unter das Kinn, er kippte um. Valentin war schon draußen. Zu spät, das Auto des Entführers surrte weit entfernt durch den Regen. Valentin mußte bis in das nächste Gasthaus gehn, um seinen neuen Rennwagen, das eigene Geschenk des Präsidenten, zu holen. Wäre die Garage der Villa größer gewesen, hätte der Rennwagen darin gestanden: er wäre jetzt sicher unbrauchbar gemacht. Besser spät kommen als gar nicht, dachte Valentin finster. Als er endlich fuhr, zeigten seine beiden Scheinwerfer ihm nur die leere Straße, er hörte nur den Regen.

Er fuhr Stunde um Stunde. Der Geschwindigkeitsmesser wies nacheinander hundert, hundertzehn und hundertfünfunddreißig. Der Wagen bebte im Dahinjagen – Wälder öffneten und schlössen sich so schnell wie ein Busch, Häuser versanken im gleichen Augenblick, da ein Lichtblitz sie erschuf. Valentin wußte nicht mehr, durch welche Ortschaften er hindurchlärmte, aber er blieb klar. Er behielt vor Augen, die Prinzessin sei in höchster Gefahr. Er dürfe nicht zu spät kommen. Er dürfe sich erst recht nicht den Hals brechen. „Das würde dem Schurken sogar die Strafe ersparen.“

Einmal hörte er das Surren des andern Wagens wieder, gleich darauf erschien der Wagen ihm als Schatten an einer Wendung, er erkannte darin die Gestalten. Als er dann aber selbst die Wendung genommen hatte, war nichts zu sehn, er hatte sich getäuscht. Überwachsamkeit und maßloser Drang verführten die Sinne, sie verloren an Sicherheit. Hüte dich! Gib dich nicht aus, du mußt das meiste an Kraft noch behalten für nachher, wenn du dort bist.

Bei seiner Ankunft in Berlin dämmerte der Morgen. Der Platz am Knie stand da aus nassem Stein, verödet. Das tankartige Haus war fest verschlossen. Hinter dem ersten metallenen Tor wußte Valentin Gitter, Schranken und Fallen, gewaltsames Eindringen versuche nicht erst. Er läutete, verhandelte mit dem Wächter, der aus einer unsichtbaren Öffnung sprach, ward auch eingelassen. Der Präsident brauchte offenbar äußerst dringend die Hilfe seines Privatsekretärs, wenn er ihn nachts so weit herrief, der Wächter begriff es. Er berichtete, das Auto des Herrn Präsidenten sei gleichfalls bespritzt mit Schmutz gewesen – die Dame, die mit darin war, aber ohnmächtig.

Valentin fuhr hinauf zu den hochgelegenen Räumen des Herrn dieser Festung. Schon vom Vorraum sah er die ganze Pracht strahlend beleuchtet, die Tür des großen Arbeitszimmers stand weit offen. Valentin horchte, indes er über die Teppiche eilte. Er hatte den Eindruck von Verwirrung und Totenstille.

Der Präsident saß hinter seinem Schreibtisch, der Tisch war so breit wie eine Plattform zum Tanzen. In seiner herabhängenden Hand hielt der Präsident einen Revolver. Er hatte beim Nahen des Feindes zur Waffe gegriffen, war aber in demselben Augenblick verhindert worden, sie zu gebrauchen. Der Schmerz, der ihn lähmte, krümmte seinen Rumpf zu Boden. Er war leichenblaß, rang nach Atem, er schien vernichtet.

Valentin entriß ihm den Revolver, er richtete die Mündung auf diese Leiche, sofort bewegte sie sich. „Ich sterbe“, sagte der Präsident wie mit allerletztem Hauch. „Die Prinzessin!“ forderte Valentin. Er sah sich um, nebenan strahlte keine elektrische Helligkeit, nur der Tag graute. Auf dem ungeheuren Ledersofa erkannte er die geliebte Gestalt – noch immer fest in ihren nassen Mantel gehüllt, das Gesicht noch verdeckt. Eine Hand lag offen. Die Sekunde schneidender Angst! Die Hand ist warm. Gerettet, alles ist gerettet. Durch den Schleier atmet ruhiger Schlaf.

Zurück zu dem Schurken hinter seinem glatten Tanzboden. Der Schurke aber hält zwischen zitternden Fingern ein Papier hoch. „Lesen Sie nur, Valentin, lesen Sie!" Valentin las, es war das Testament des Präsidenten, er hinterließ alles, was er hatte, der Prinzessin ... „Und sogleich werde ich tot sein" – wobei er sich krümmte und wand. Valentin sah ihn an und zerriß das Papier.

„Dummkopf!" sagte der Präsident plötzlich erstarkt. „Das war Ihre Chance." – Klagend fragte er: „Was haben Sie gegen mich?" Verlor er vor Todesangst den Verstand?

„Daß Sie noch da sind", erwiderte Valentin. „Sie haben versprochen, zu sterben."

„Ich mache noch einmal dasselbe Testament! Immer wieder dasselbe!"

„Ich verachte Ihr Geld", sagte Valentin laut und freudig.

„Ihr sollt es von mir annehmen. Ich werde euch zwingen. Ihr könnt ohne mich nicht leben, nicht ohne daß ich dabei bin."

Seine letzte Schlauheit, sein letztes gutes Geschäft – der Junge lehnte zehnmal hochmütig ab, der Alte blieb greisenhaft darauf versessen. „Nehmen Sie an – für die, die wir beide lieben!" flehte er jammernd.

Da Valentin ihm endlich den Rücken drehte, fiel der große Präsident glatt um. Er rutschte aus seinem Sessel, er kam unter den Tisch zu liegen, klein gegen die Maße des Tisches, und er ließ die Augen, die so oft ihre furchtbare Wirkung getan hatten, nun ganz geschlossen.

War er endlich tot? Valentin wandte sich ratlos ab, in der Tür des dunkleren Zimmers aber stand Marie.

Sie sagte: „Mein Kind, sei nicht zu hart mit ihm, er bereut."

„Ich fürchte, es ist aus", sagte Valentin.

„Nein. Ich hatte längst den Verdacht, daß sein Herzleiden nicht ganz echt ist. Es ist Hysterie, die Strafe der Unersättlichen. Aber er hat euch alles, was sein ist, übergeben wollen."

„Damit er uns noch bei seinen Lebzeiten wieder in seine Gewalt bekommt!"

„Er hat natürlich einen schlechten Grund. Woher sollte seinesgleichen gute nehmen. Aber die Handlung selbst war gut, sie hätte in seinem Geist um sich gegriffen, sie konnte alles darin verändern. Dieser Mensch hätte gelernt zu verzichten. Ich weiß es nicht", sagte Marie, „aber wie er dort liegt, fängt vielleicht auch für ihn ein neues Leben an."

Sie sagte: „Glaube mir, es kommt auf persönliche Besserung an. Grundsätze sind bestreitbar. Persönliche Besserung ist unbestreitbar."

Sie betrachtete ihn und sagte: „Du, auf den ich stolz bin!" Aber sie sah ihn immer unruhiger werden, sie gab ihm den Weg frei. „Suche die Prinzessin! Findest du sie nicht? Dann schläft sie wohlbehalten zu Hause in ihrem Bett."

Er begriff den Zusammenhang, er stürzte sich über ihre Hände.

„Auch noch dies tatest du für mich! Ich habe dir heute kein Wort gesagt – denn es wäre zu viel, was ich sagen will, mein Dank hört nicht auf. Weißt du die Zeit, als ich für die Prinzessin nicht viel mehr fühlte als das Mitleid, dessen ich selbst damals bedurfte? Ich liebe meine Braut, ich brauche keine Stütze mehr. Ich selbst kann viel tragen."

„So bin ich überflüssig geworden", sagte Marie heiter, „um so leichter kann ich meiner Wege gehn. Ich will dir gestehn: mein Haus ist verkauft." Hier zögerte sie. „Nichts hält mich mehr. Ich reise. Wir sehen uns heute zuletzt." Jetzt war Mühsal zu hören.

„Nein, bleibe! Warum bleibst du nicht?"

Er streckte die Arme aus – erblickte aber von neuem ihr verändertes Gesicht, die Augen, die nichts um sich her mehr kennen wollten ... Er murmelte: „Wir hätten dich so lieb gehabt." Noch leiser, als wagte er es nicht mehr:

„Mutter!"

So schwach es kam, dies Wort schnitt sie ihm ab.

„Das war. Jetzt weiß ich, daß ich geirrt habe, aber es war unser Glück, unser großes Glück. Du bist nicht mein Sohn. Nur das Kind meines Herzens bist du wirklich. Sei nicht traurig, Valentin!"

Denn er sah nieder, sogar eine Träne rann hervor, stille Klage um entschwundene Täuschungen. Sie waren schon entschwunden, er wußte nicht mehr, wann und wie. Der Glaube an seine fremde Mutter hatte ihn verlassen, ihm war davon sogar leichter. Nur blieb noch Trauer. Der junge Valentin dachte schon nicht mehr an die abgetanen Kämpfe, was alles ihre beiden Herzen erfahren hatten. Marie ging ihm dahin wie eine Wolke mit Menschengesicht.

Indes er aber niedersah, vergaßen sich ihre Augen und ruhten auf ihm mit Entzücken. Sie glaubte in dieser Minute nicht mehr, sie habe geirrt, habe gekämpft, gesündigt und gebüßt. Noch einmal erblickte Marie ihr Kind wie vor dem Beginn des Lebens, im Augenblick der Geburt. Es gehört dir ewig, kaum erst haben Geburt und Beginn des Lebens die Ewigkeit unterbrochen ... In diese Augen sah Valentin, als er aufsah.

Gleich nachher läutete das Telephon. Valentin ging zum Schreibtisch, es war die Prinzessin. Sie erzählte von der Hilfe Maries. Sie war gerettet, sie wollte gewiß sein, es stehe auch um ihn gut. Sie rief ihn, als könne er sogleich ihre Tür öffnen. Sie stammelte Worte, als läge sie an seiner Brust. Endlich wollte sie auch Marie hören. „Rufe sie!"

„Sofort", sagte Valentin. Aber dort stand Marie nicht mehr. Er ging in das nächste Zimmer und noch in eins – immer schweigend, denn er wußte nicht mehr, mit welchem Namen sie zu rufen sei. Zuletzt gelangte er in den Vorraum, er fand sie nicht. Er beugte sich über die Treppen – nicht einmal eine Tür fiel zu hinter Marie.

„Sie ist fort", sagte er seiner Prinzessin.

„Komm!" antwortete sie.

Da atmete Valentin schwerer, noch konnte er nicht sprechen. Er fühlte auf einmal, daß eine Kraft ohnegleichen ihn verlassen habe und daß er nur gerade genug haben werde an all seinen Mut.

„Komm!“ sagte seine Prinzessin.

„Ich komme!“ rief Valentin.